세상에서 가장 쉽고 재미있게
샌드아트 이미지와 스토리텔링을 통한

샌드아트 부수한자 214자

상상모래
정창모 지음

세상에서 가장 쉽고 재미있게
샌드아트 이미지와 스토리텔링을 통한
샌드아트 부수한자 214자

초판 1쇄 발행 : 2023년 8월 15일
지은이 : 정창모
만든곳 : 한국샌드아트협회
펴낸곳 : Dream & Vision
등 록 : 2008년 3월 19일 제25100-2008-000009호
전 화 : (02) 3437-1750
ISBN : 978-89-93232-65-3

* 이 책은 저작권법에 따라 보호받는 저작물이므로 무단 전재와 무단 복제를 금지하며,
  이 책 내용을 이용하려면 반드시 저작권자와 출판사의 서면동의를 받아야 합니다.
* 잘못된 책은 구입처에서 바꾸어 드립니다.

세상에서 가장 쉽고 재미있게
샌드아트 이미지와 스토리텔링을 통한

샌드아트 부수한자 214자

정창모 지음

들어가면서

한글과 한자, 그 동전의 양면성

우리말 국어는 표음문자인 한글과 표의문자인 한자라고 하는 서로 다른 언어가 하나로 융합되어 마치 동전의 양면처럼 구성되어 있습니다. 그러므로 어느 한쪽을 강조하고 다른 한쪽을 무시하는 것은 절반의 가치만을 인정하는 셈입니다. 문제는 이 한자를 배우는 지금까지의 방법이 잘못되어 있어서 '한자 공부'하면 '배우기 어렵다'는 등식이 모두의 머릿속에 자리 잡고 있다는 것입니다. 과거에는 한자 공부를 무조건 쓰고 외우는 방법으로 교육을 받아왔지만, 최근 들어서는 조자방법(造字方法)을 통한 한자 교육이 시행되고 있습니다.

예를 들어 '사람이 나무 아래서 쉬는 것'을 한자어로 '休'(휴)라고 씁니다. 이 '休'(휴)는 'イ'(인)과 나무를 뜻하는 '木'(목) 이 합쳐져 '休'(휴)라는 단어가 만들어지는 원리입니다. 이와 같은 한자의 조자원리(造字原理)를 이해(理解)시키는 방법으로 사용되는 한자의 핵(核)을 부수한자라고 합니다. 부수한자는 학자들에 따라 조금씩 그 숫자가 차이가 있지만 일반적으로 214자의 부수한자만 익히면 수많은 나머지 글자들은 힘들이지 않고 스스로 터득할 수 있게 됩니다. 한글을 공부하려면 자음과 모음을 익히고 영어를 공부하려면 알파벳을 먼저 알아야 하듯 한자를 공부하려면 가장 먼저 이 부수한자를 알아야 합니다.

이 부수한자를 배우고 익히는 여러 권들의 책이 이미 출판되었지만, 또 하나의 책을 내어놓는 이유는 10여 년 전에 입문한 샌드아트를 통하여 더 쉽고 재미있게 부수한자를 익힐 수 있는 방법을 발견했기 때문입니다. 표의문자인 한자는 글자마다 뜻을 가지고 있으며, 이미지와 이야기가 들어 있습니다. 그런데 샌드아트가 가지고 있는 여러 장점 가운데 대표적인 것이 스토리텔링과 감성적인 이미지의 표현입니다. 따라서 한자 속에 숨겨져 있는 이야기와 이미지를 샌드아트로 표현하면서 학습자로 하여금 따라 익히게 하면 가장 쉽고도 재미있게 이 부수한자 과정을 마칠 수 있습니다. 이와 같이 학습한 부수한자는 깊이 각인(刻印)이 되어 평생 머릿속에 남아 있게 되는 원리입니다. 샌드아트 디렉터로서 몇 해 전에 이 놀라운 원리와 방법을 발견하고 '샌드아트로 배우는 부수한자'라는 부제와 '피리 소리'라는 창작 동화를 저작권(제C-2018-009302호) 등록을 마치고 금번에 책으로 출판하기에 이르렀습니다.

　이 책은 한자 급수를 위한 교재가 아닙니다. 단지 외래어로 취급되어 한편으로 밀려나 있는 한자가 우리 말의 절반임을 재발견하고, 우리글이 가지고 있는 의미를 더 깊이 이해하며, 우리글에 대한 자긍심을 높일 수 있는 안내서로 쓰였습니다. 그 옛날 우리 조상 동이족이 나무 막대기를 가지고 땅바닥에 그림을 그리며 한자를 만들었듯이, 라이트 박스 위에 모래 그림을 그려나가는 동안에 우리글을 더 깊이 이해하고 사랑하며 우리글에 대한 자긍심이 더 커졌으면 하는 바람입니다.

2023년 팬더믹의 터널을 막 빠져나오며
상상 오래 정창모

E-mail: yetofo@hanmail.net
H.P: 010-8291-1385
Instagram: sandart_korea
https://blog.naver.com/theland4you

차례 Contents

들어가면서 : 한글과 한자, 그 동전의 양면성 / 5

첫 번째 마당   옛날 옛날에 / 11
       샌드아트 그림으로 연상하기 / 14
       익힘 학습 / 15

두 번째 마당   아이가 어른이 된 지금 / 17
       샌드아트 그림으로 연상하기 / 24
       익힘 학습 / 27

세 번째 마당   부자는 무릎을 꿇고 / 31
       샌드아트 그림으로 연상하기 / 36
       익힘 학습 / 39

네 번째 마당   두 사람은 몸을 숨기고 / 43
       샌드아트 그림으로 연상하기 / 50
       익힘 학습 / 54

다섯 번째 마당   산적들이 살고 있는 / 59
       샌드아트 그림으로 연상하기 / 66
       익힘 학습 / 69

여섯 번째 마당   청년은 '아버지!' 소리 한번 / 73
       샌드아트 그림으로 연상하기 / 78
       익힘 학습 / 82

일곱 번째 마당 산적떼로 부터 / 87
　　　　　　　　　샌드아트 그림으로 연상하기 / 94
　　　　　　　　　익힘 학습 / 98

여덟 번째 마당 동굴 주변에는 / 103
　　　　　　　　　샌드아트 그림으로 연상하기 / 110
　　　　　　　　　익힘 학습 / 115

아홉 번째 마당 그 움막은 / 121
　　　　　　　　　샌드아트 그림으로 연상하기 / 130
　　　　　　　　　익힘 학습 / 134

열 번째 마당 가을비가 내리던 / 137
　　　　　　　　샌드아트 그림으로 연상하기 / 144
　　　　　　　　익힘 학습 / 148

열한 번째 마당 얼마전까지만 해도 / 153
　　　　　　　　　샌드아트 그림으로 연상하기 / 160
　　　　　　　　　익힘 학습 / 163

열두 번째 마당 기장이 황금빛으로 / 167
　　　　　　　　　샌드아트 그림으로 연상하기 / 174
　　　　　　　　　익힘 학습 / 176

나오면서 : 상상과 몰입 / 179

이 책의 구성과 활용법

스토리를 소리내어 읽기

이 책은 214자 부수한자 한 자 한 자가 '피리소리'라는 창작동화 형태로 하나의 이야기로 엮어져 있습니다. 이 이야기들을 소리내어 읽거나 읽어주는 가운데 청각을 통해 각인되는 원리입니다.

이미지를 그리면서 연상하기

이 책은 214자 부수한자 한 자 한 자를 이미지 컷으로 그림을 그려 놓았고, 각 장의 스토리는 한 장의 그림 속에 전체를 그려 놓았습니다. 한자의 구성원리인 '형상의 표현'을 샌드아트 그림을 통해 재표현하여 눈으로 보는 가운데 각인되는 원리입니다.

손으로 반복해 쓰기

각 단원이 끝날 때마다 뒷편에 있는 익힘 학습을 통해 듣고 보았던 부수한자들을 반복적으로 써 보면서 머릿속에 자연스레 각인되는 원리입니다.

영상으로 기억하기

각 단원이 끝날 때마다 단원의 내용들을 샌드아트로 그린 그림들을 영상으로 편집 제작 후 QR코드화 작업을 하여 아래 블로그에 올려 두었습니다.
(https://blog.naver.com/theland4you)
QR코드 리더기를 통해 어디서든지 쉽게 반복할 수 있습니다.

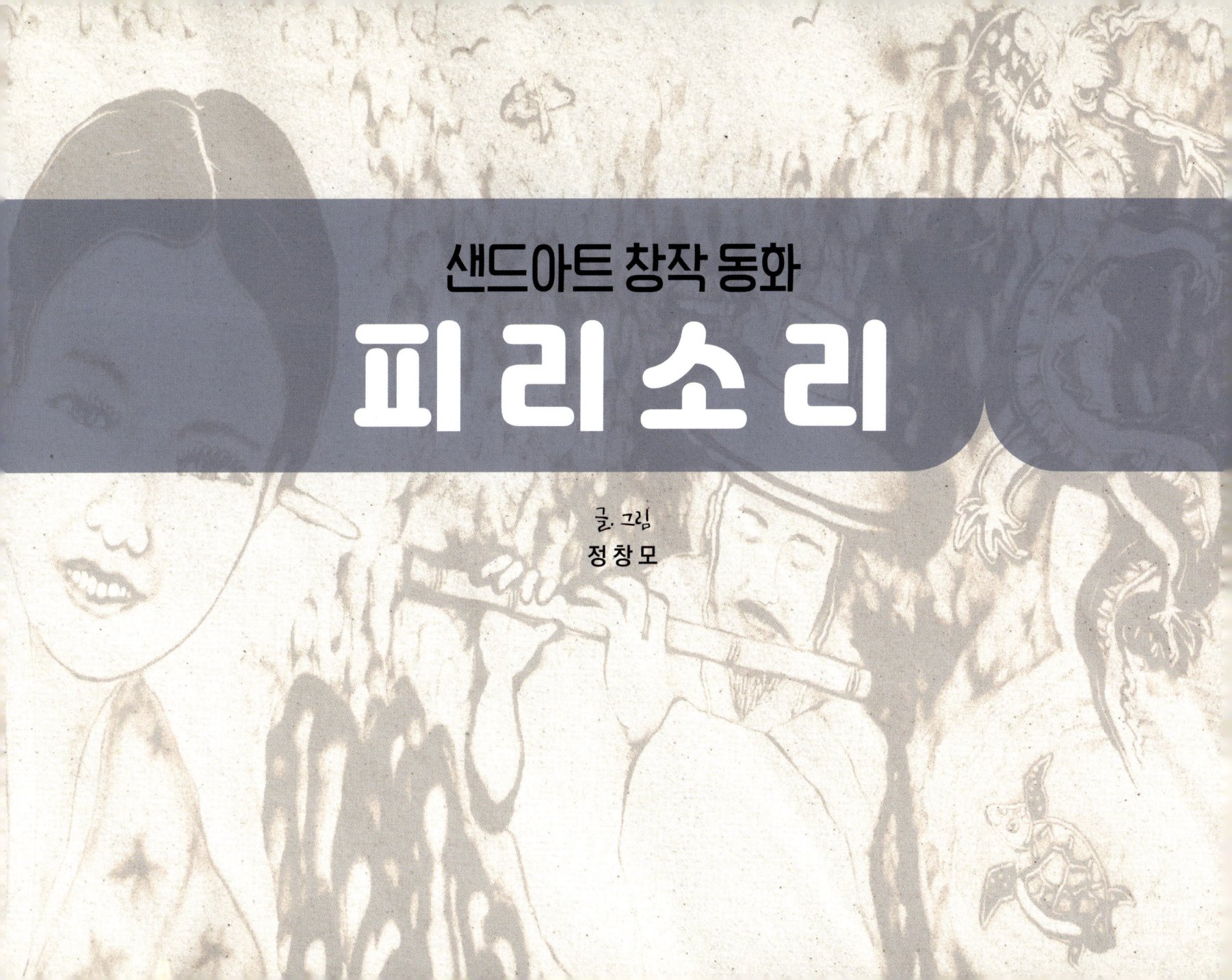

샌드아트 창작 동화
피리소리

글. 그림
정창모

세상에서 가장 쉽고 재미있게
샌드아트 이미지와 **스토리텔링**을 통한

샌드아트 부수한자
214자

옛날 옛날에 **첫 번째 마당**

1 **부수한자 1획**

1. 뚫을 곤(丨)
2. 갈고리 궐(亅)
3. 점 주(丶)
4. 삐침 별(丿)
5. 한 일(一)
6. 새 을(乙)

샌드아트 그림 연상
익힘 학습

첫 번째 마당   옛날 옛날에

옛날 옛날에
장난을 좋아하는 개구쟁이 아이가 있었어.

이 아이가 가장 즐겨하던 놀이는
나무 위에 있는 새집에서 알을 훔치는 것이었어.

아이가 나무에 오르는 방법이 있었는데
왼손에는 송곳을 들고(**뚫을 곤:** ㅣ)
오른손에는 갈고리(**갈고리 궐:** 亅)를 들어
나무둥치를 찍어서 오르는 것이었어.

나무를 오를 때마다 나무둥치 왼쪽에는 송곳에 찔린 점(**점 주:** 丶)같은 작은 구멍이 생겼고
오른쪽에는 갈고리로 인해 삐침 별(**삐침 별:** 丿) 모양의 무늬가 생겼어.

그 때마다 일자(**한 일:** 一)로 길게 뻗은 나뭇가지 위에선
어미 새(**새 을:** 乙)가 다급히 울곤 했지.

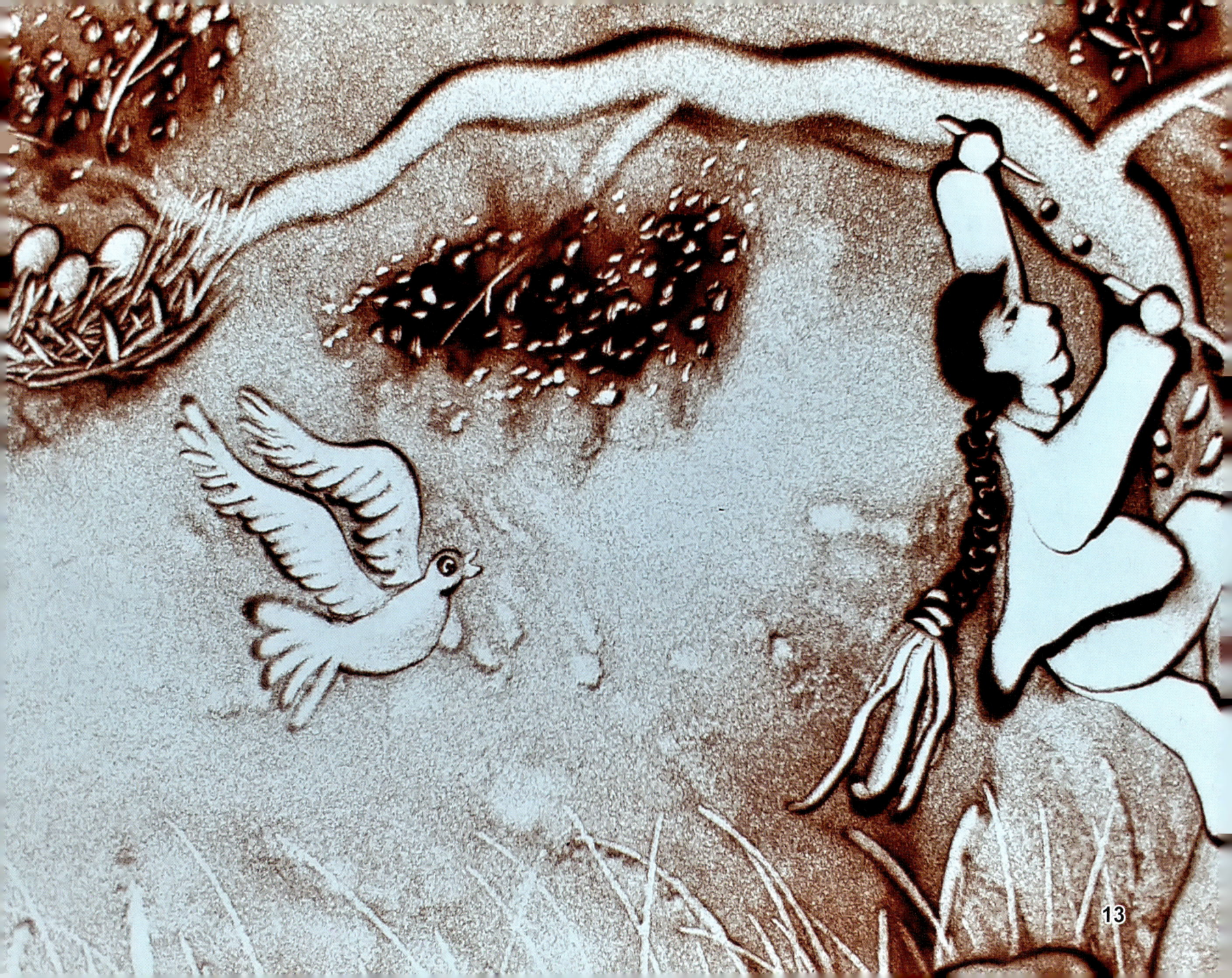

> **첫 번째 마당**   샌드아트 그림으로 연상하기
>
> 1획

1. 뚫을 곤 (ㅣ)

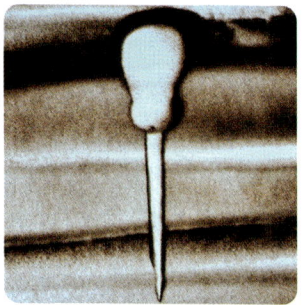

물체를 뚫을 때 사용하는 송곳

2. 갈고리 궐 (亅)

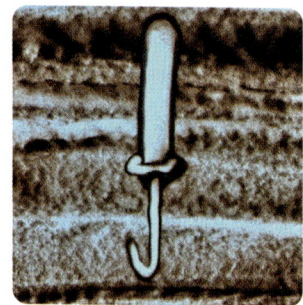

갈고리 모양에서 따옴

3. 점 주 (丶)

촛불의 중심에서 온 모양

4. 삐침 별 (丿)

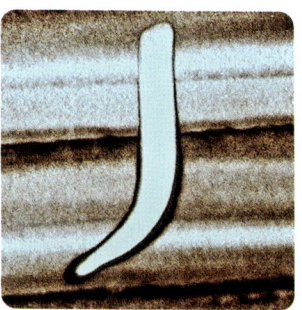

오른쪽 위에서 왼쪽 아래로 삐침 무늬

5. 한 일 (一)

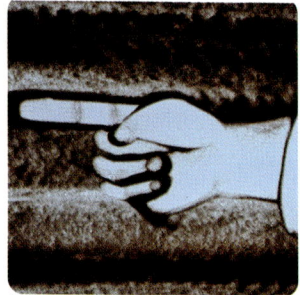

하나를 표현한 지사문자

6. 새 을 (乙)

일반적인 새의 모양

첫 번째 마당 — 익힘 학습

✏️ 오늘 배운 부수한자 1획을 빈칸에 따라 쓰면서 복습해 보세요.

1. 뚫을 곤(丨) - 송곳처럼 날카로운 도구는 나무를 쉽게 뚫는다.

丨

2. 갈고리 궐(亅) - 커다란 물고기를 갈고리로 끌어 올리다.

亅

3. 점 주(丶) - 중심이 되는 것, 주인을 의미한다. '불똥 주'로 부르기도 한다.

丶

4. 삐침 별(丿) - '아니다'라는 뜻과 '숙이다'의 뜻을 가지고 있고, 혼자서는 글자를 이루지 못한다.

丿

5. 한 일(一) - 하나, 경계를 나타낼 때 사용한다.

一

6. 새 을(乙) - 새를 가리키기도 하지만, 어리거나 유치한 행동을 의미하기도 한다.

乙

세상에서 가장 쉽고 재미있게
샌드아트 이미지와 스토리텔링을 통한

샌드아트 부수한자
214자

아이가 어른이 된 지금 **두 번째 마당**

① 부수한자 2획 (1)

7. 사람 인(人)
8. 어진 사람 인(儿)
9. 멀 경(冂)
10. 돼지머리 두(亠)
11. 여덟 팔(八)
12. 언덕 한(厂)
13. 들 입(入)
14. 두 이(二)
15. 입벌릴 감(凵)
16. 안석 궤(几)
17. 덮을 멱(冖)
18. 힘 력(力)
19. 칼 도(刀)
20. 얼음 빙(冫)
21. 또 우(又)

샌드아트 그림 연상
익힘 학습

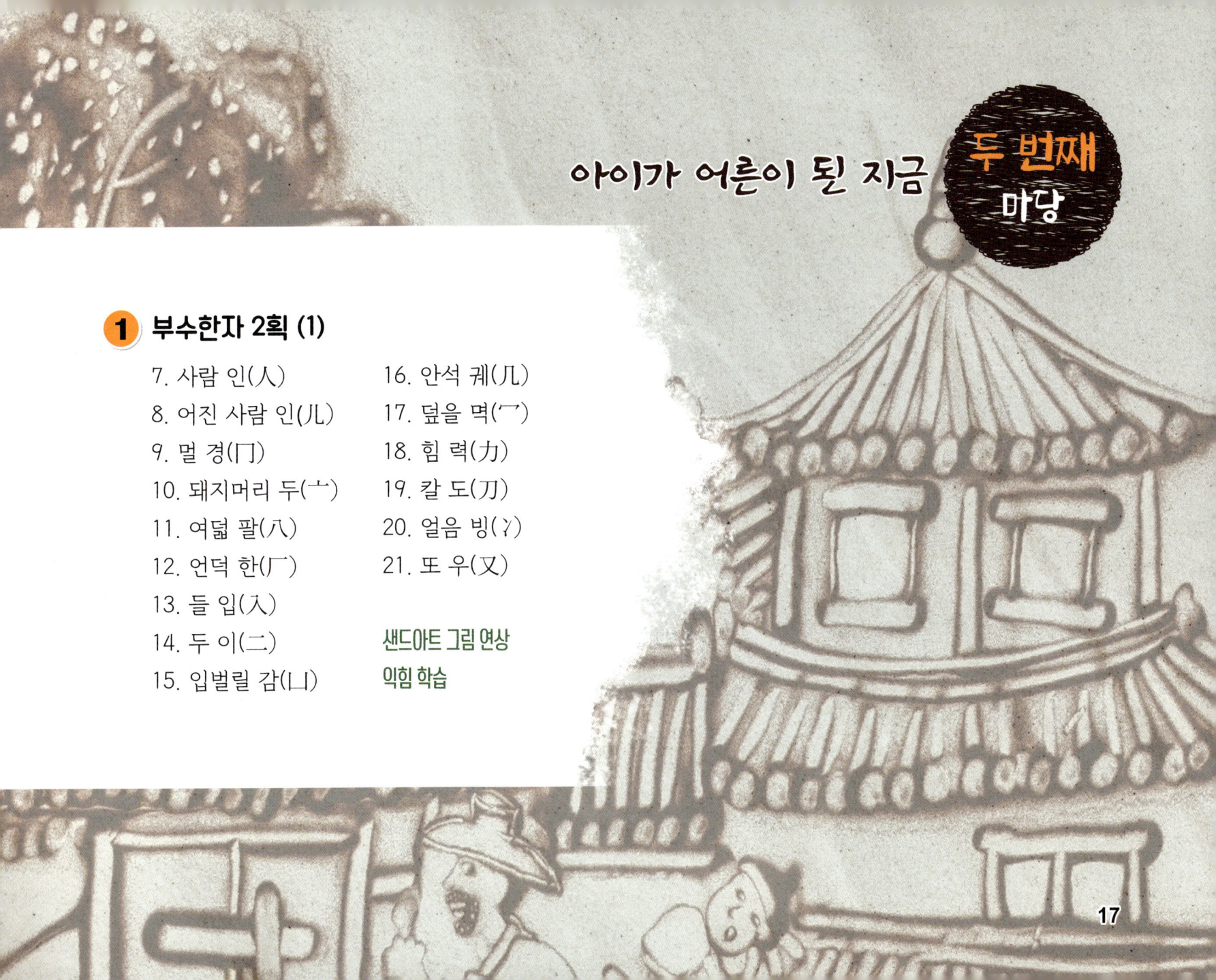

두 번째 마당 **아이가 어른이 된 지금**

아이가 어른이 된 지금
동네 사람(**사람: 人**)들이
어진 사람(**어진 사람 인: 儿**)이라고 말하지만

소문난 사고뭉치 악동이었던 아이가
변화된 이야기 속에는 큰 사건 하나가 있었어.

아이의 악동 기질은
청년이 되어서도 여전했나 봐.

그날도 먼(**멀 경: 冂**) 고을까지 놀러 갔다가
늦은 시간까지 돼지머리(**돼지머리해 두: 亠**)를 안주 삼아
친구들과 술을 많이 마셨나 봐.

두 번째 마당

술에 취해 비틀거리는
그의 걸음은
마치 여덟 팔(**여덟 팔**: 八)자처럼 보였어.

산언덕(**언덕 한**: 厂)을 넘고
여우고개로 들어서는(**들 입**: 入) 순간,

두 명(**두 이**: 二)의 산적들에게 납치를 당했지 뭐야.

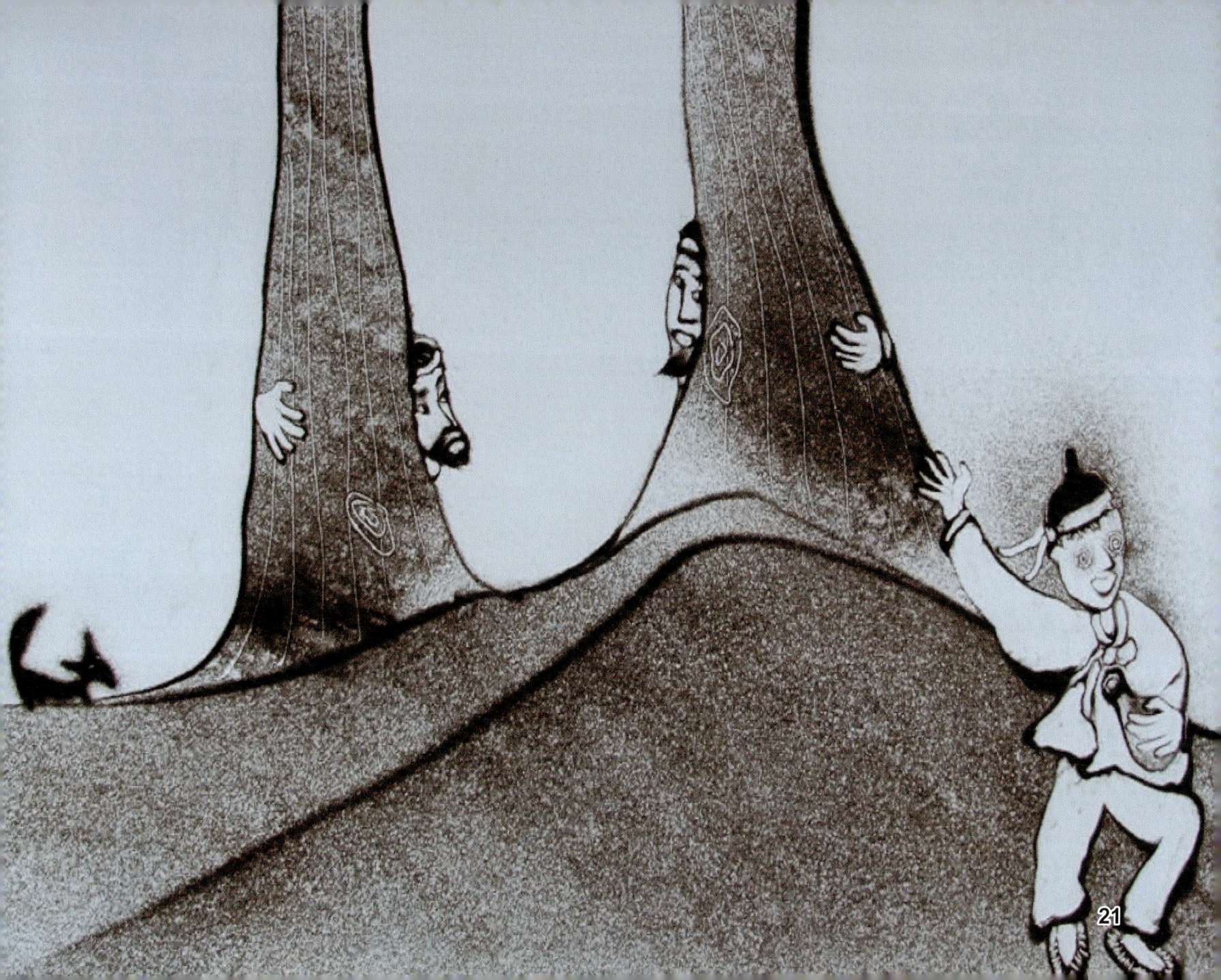

두 번째 마당

산적들은 사람들을 납치해서
몸값으로 돈을 받아내곤 했는데
몸값으로 돈을 낼 수 없던 청년은 그들과 함께 산에서 살 수밖에 없었어.

며칠이 지난 어느 날,
산적들은 인근 고을에서 부자 한 사람을 납치했어.
지금까지 듣지도 보지도 못한
입이 떡 벌어질(**입 벌릴 감: 凵**) 정도의 고문을 하기 시작했지.

부자를 작은 의자(**안석 궤: 几**)에 묶어 놓고
검은 보자기로 덮은(**덮을 멱: 冖**) 후
산적 떼 중 힘(**힘 력: 力**)이 센 한 명이
칼(**칼 도: 刀**)을 들고
처마 끝에 달려있는 고드름(**얼음 빙: 冫**)을 내리치고
또(**또 우: 又**) 내리쳤어.
떨어지는 뾰족한 고드름이
온몸을 찌르게 하는 공포스러운 고문이었어.

두 번째 마당 — 샌드아트 그림으로 연상하기

2획

7. 사람 인(人)

서 있는 사람의 모습

8. 어진 사람 인(儿)

걷고 있는 사람의 두 다리

9. 멀 경(冂)

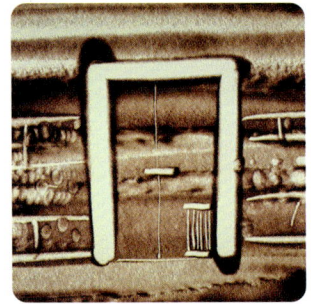

멀리 보이는 국경의 문

10. 돼지머리 두(亠)

돼지 해(亥) 글자에서 머리(亠) 부분

11. 여덟 팔(八)

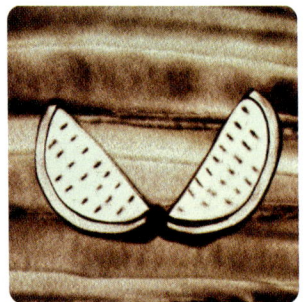

숫자 8을 의미, 둘로 나눔

12. 언덕 한(厂)

비탈진 언덕이나 절벽

두 번째 마당 — 샌드아트 그림으로 연상하기

2획

13. 들 입(入)

내부에 머리를 숙이고 들어감

14. 두 이(二)

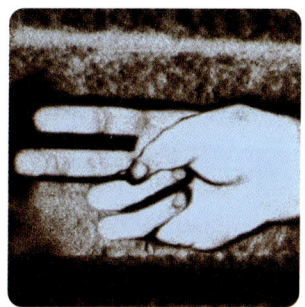

두 개, 두 번째를 나타냄

15. 입벌릴 감(凵)

입 벌린 모양

16. 안석 궤(几)

앉는 의자 혹은 낮은 책상

17. 덮을 멱(冖)

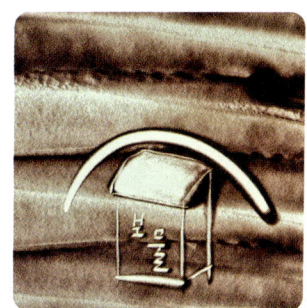

물건을 덮은 보자기

18. 힘 력(力)

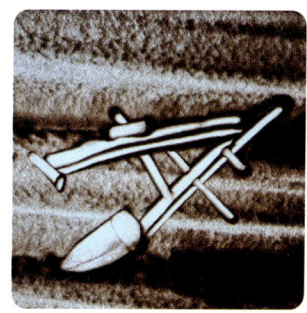

밭을 갈아엎는 쟁기

두 번째 마당 — 샌드아트 그림으로 연상하기

2획

19. 칼 도(刀)

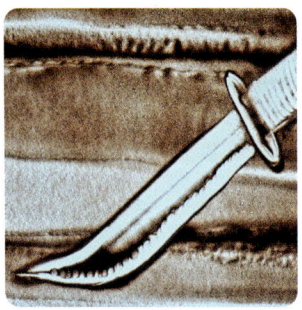

칼의 모양에서 온 글자

20. 얼음 빙(冫)

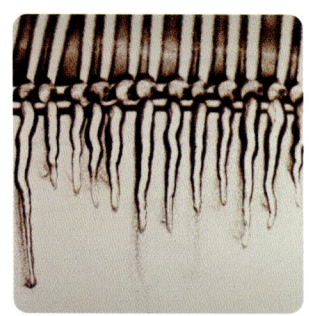

추우면 물이 얼어서 얼음이 됨

21. 또 우(又)

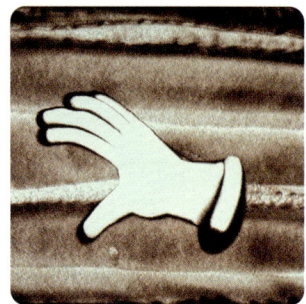

또 사용하는 오른손

두 번째 마당 — 익힘 학습

✏️ 오늘 배운 부수한자 2획을 빈칸에 따라 쓰면서 복습해 보세요.

7. 사람 인(人) – 서 있는 사람의 모습을 표현. 사람과 관련된 모든 것을 나타낼 때

人

8. 어진 사람 인(儿) – 사전적 의미는 '어진 사람'이지만, 일반적으로 사람과 관련된 모든 것을 나타낼 때 사용

儿

9. 멀 경(冂) – 길의 끝까지는 멀다. 멀리 있는 국경에 세워진 문을 표현

冂

10. 돼지머리 두() – 돼지 해 (亥) 글자에서 머리 부분()을 가져옴. '머리 두'로 표현하기도 한다.

亠

11. 여덟 팔(八) – 숫자 '8'을 의미하기도 하고, '나눈다'는 의미로 사용되기도 한다.

八

12. 언덕 한(厂) – 비탈진 언덕이나 절벽 등을 나타낼 때

厂

두 번째 마당   익힘 학습

✏️ 오늘 배운 부수한자 2획을 빈칸에 따라 쓰면서 복습해 보세요.

13. 들 입(入) - 실내에 들어가려고 머리를 숙인 사람의 모습을 표현

入

14. 두 이(二) - 숫자 '2'를 나타내기도 하고, 다시 또는 나란히를 의미

二

15. 입벌릴 감(凵) - 입을 벌린 모양에서 온 상형문자이다. '위 터진 그릇'으로 부르기도 한다.

凵

16. 안석 궤(几) - 몸을 기댈 수 있는 방석이나 의자나 책상 등을 나타냄

几

17. 덮을 멱(冖) - 보자기 등으로 물건을 덮은 모양

冖

18. 힘 력(力) - 쟁기로 땅을 팔 때는 힘이 있어야 함

力

두 번째 마당 — 익힘 학습

✏️ 오늘 배운 부수한자 2획을 빈칸에 따라 쓰면서 복습해 보세요.

19. 칼 도(刀) - 칼의 모양에서 온 글자

刀										

20. 얼음 빙(冫) - 물이 얼어서 고드름이 된 모양. 얼음이나 차갑다는 뜻으로 주로 사용된다.

冫										

21. 또 우(又) - 자주 쓰는 오른손을 내민 모습

又										

세상에서 가장 쉽고 재미있게
샌드아트 이미지와 스토리텔링을 통한

샌드아트 부수한자
214자

부자는 무릎을 꿇고 **세 번째 마당**

1 부수한자 2획 (2)

22. 무릎 절(卩)
23. 개인 사(厶)
24. 비수 비(匕)
25. 감출 혜(匸)
26. 열 십(十)
27. 상자 방(匚)
28. 쌀 포(勹)
29. 점 복(卜)

2 부수한자 3획 (1)

30. 선비 사(士)
31. 뒤쳐져 올 치(夂)
32. 천천히 걸을 쇠(夊)
33. 집 면(宀)
34. 흙 토(土)
35. 에울 위(口)
36. 집 엄(广)
37. 입 구(口)

샌드아트 그림 연상
익힘 학습

세 번째 마당

부자는 무릎을 꿇고

부자는
무릎(**무릎 절**: 卩)을 꿇고
살려달라고 빌었지.

목숨을 살려주면
혼자(**개인 사**: 厶)만 알고 있는
가보로 전해 내려오는
숟가락 모양의 진귀한 비수(**비수 비**: 匕)를
감추어(**감출 혜**: 匸) 둔 곳을
가리켜 주겠다는 약속을 했어.

그 비수는 커다란 보자기에 싸여(**쌀 포**: 勹)
열 십(**열 십**: 十)자 무늬가 있는
상자(**상자 방**: 匚) 속에 들어 있고
국가의 길흉을 점(**점 복**: 卜) 칠 때에
사용하던 것이라고 말했어.

세 번째 마당

부자의 이야기를 다 듣고 난 산적 두목은
그 즉시로 부하 중 두 사람을 뽑아 보물을 찾아오라고 했지.

한 명은 선비(**선비 사: 士**)로,
다른 한 명은 종으로 변장시켰는데 청년은 종으로 뽑혔어.

선비로 변장한 산적이 앞서 걸을 때
청년은 뒤에 뒤처져(**뒤쳐져 올 치: 夂**)
천천히 걸으면서(**천천히 걸을 쇠: 夊**)
도망갈 기회만 엿보았어.

부자의 집(**집 면: 宀**) 가까이 도착한 그들의 눈에는
흙(**흙 토: 土**) 담장으로 에워쌓인(**에울 위: 囗**)
큰 기와집이 보였고
담장 가운데 집(**집 엄: 广**) 안으로 향하는
출입구(**입 구: 口**)가 보였어.

세 번째 마당
2획

샌드아트 그림으로 연상하기

22. 무릎 절(卩)

꿇어 앉는 사람의 모습

23. 개인 사(厶)
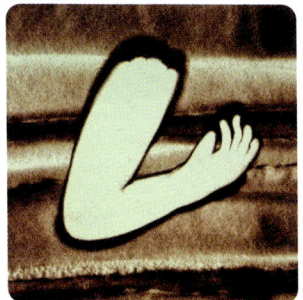
팔을 굽히면 자신을 가르킴

24. 비수 비(匕)
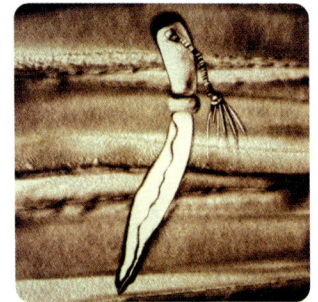
날카로운 단검을
표현[숟가락]

25. 감출 헤(匚)

뚜껑이 있는 상자모양

26. 열십(十)
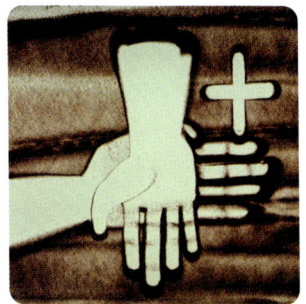
숫자 10을 가르킴

27. 상자 방(匚)
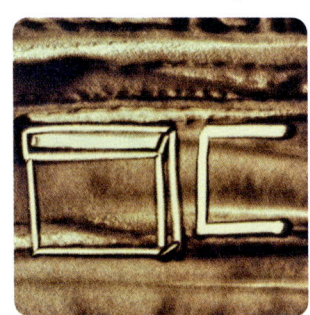
뚜껑이 없는 네모난 상자

세 번째 마당 — 샌드아트 그림으로 연상하기

2~3획

28. 쌀 포(勹)

엎드려 물건을 감싸는 모습

29. 점복(卜)
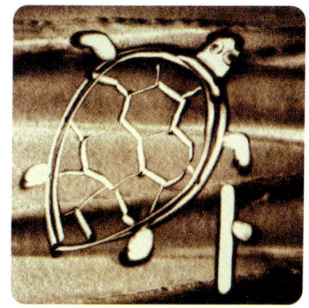
거북등이나 뼈를 불에 던져 넣은 후 점을 침

30. 선비 사(士)

옛 선비는 곧 도끼를 든 무사

31. 뒤쳐져올 치(夂)

발 지(止)자를 거꾸로 그려, 뒤쳐져 오는 모양

32. 천천히 걸을 쇠(夊)

발 지(止)자를 거꾸로 그려, 천천히 오는 모양

33. 집 면(宀)

집의 지붕을 본 딴 글자

세 번째 마당 — 샌드아트 그림으로 연상하기

3획

34. 흙 토(土)

땅 위에 있는 흙덩이 모양

35. 에울 위(囗)

국경이나 도시 외곽을 에워 쌈

36. 집 엄(广)

언덕 위에 지은 집

37. 입 구(口)

입의 모양에서 생겨난 글자

세 번째 마당   익힘 학습

✏️ 오늘 배운 부수한자 2획을 빈칸에 따라 쓰면서 복습해 보세요.

22. 무릎 절(卩) - 꿇어앉아 있는 사람의 모습이다. '병부 절'이라고도 한다.

卩

23. 개인 사(厶) - 팔을 펴서 굽히면 손이 나 자신을 가리키는 모양에서 생겨난 글자이다.

厶

24. 비수 비(匕) - 사람이 오른쪽으로 몸을 구부린 모양. 숟가락의 모양에서 왔다는 해석도 있음.

匕

25. 감출 혜(匸) - 'ㄴ' 모양의 그릇 속에 물건을 넣고 덮은 모양.

匸

26. 열 십(十) - 숫자 '10'을 나타내기도 하고, '많다'는 의미로 사용되기도 한다.

十

27. 상자 방(匚) - 네모진 상자의 모양.

匚

세 번째 마당 익힘 학습

 오늘 배운 부수한자 2~3획을 빈칸에 따라 쓰면서 복습해 보세요.

28. 쌀 포(勹) - 팔을 구부려 감싸 안는 모습이다. 단독으로 사용되지는 않음.

| 勹 | | | | | | | | | | |

29. 점 복(卜) - 짐승의 뼈를 불에 구워 갈라진 모양을 보고 점을 침.

| 卜 | | | | | | | | | | |

30. 선비 사(士) - 도끼 모양에서 생겨난 글자로서 '무사 사'로 불리기도 한다. 옛 무사들은 도끼를 무기로 사용함.

| 士 | | | | | | | | | | |

31. 뒤쳐져 올 치(夂) - 발 지(止) 자를 거꾸로 그려, 뒤쳐져 오는 모양.

| 夂 | | | | | | | | | | |

32. 천천히 걸을 쇠(夊) - 뒤쳐져 올 치(夂)와 같은 의미임.

| 夊 | | | | | | | | | | |

33. 집 면(宀) - 사방이 지붕으로 덮여 있는 집.

| 宀 | | | | | | | | | | |

세 번째 마당 — 익힘 학습

✏️ 오늘 배운 부수한자 3획을 빈칸에 따라 쓰면서 복습해 보세요.

34. 흙 토(土) - 땅 위에 한 무더기의 흙이 쌓여 있는 모양 혹은 땅에 서 있는 사람의 모양

土

35. 에워쌀 위(囗) - 모두 에워쌈을 의미

囗

36. 집 엄(广) - 언덕에 의지해 지은 집

广

37. 입 구(口) - 사람의 먹고 말하는 입에서 온 글자이나 사용되는 뜻은 더 광범위하다.

口

세상에서 가장 쉽고 재미있게
샌드아트 이미지와 **스토리텔링**을 통한

샌드아트 부수한자
214자

두 사람은 몸을 숨기고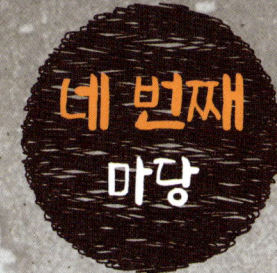

네 번째 마당

1 부수한자 3획(2)

38. 몸 기(己)
39. 저녁 석(夕)
40. 여자 여(女)
41. 아들 자(子)
42. 큰 대(大)
43. 작을 소(小)
44. 두 손 맞잡을 공(廾)
45. 마디 촌(寸)
46. 싹 날 철(屮)
47. 절름발이 왕(尢)
48. 주검 시(尸)
49. 내 천(川)
50. 뫼 산(山)
51. 작을 요(幺)
52. 돼지머리 계(크)
53. 터럭 삼(彡)
54. 수건 건(巾)
55. 활 궁(弓)
56. 주살 익(弋)
57. 조금 걸을 척(彳)
58. 길게 걸을 인(廴)
59. 방패 간(干)
60. 장인 공(工)
61. 마음 심(心)

샌드아트 그림 연상
익힘 학습

네 번째 마당

두 사람은 몸을 숨기고

두 사람은 몸(**몸 기: 己**)을 숨기고
저녁(**저녁 석: 夕**)이 오기만을 기다렸지.
밤이 깊어지자 부자의 아내로 보이는 한 여인(**여자 여: 女**)이
예쁘게 생긴 아이와 함께 마당 구석에 있는 장독대 앞으로 나오는 것을 보았어.
부자에게는 아들(**아들 자: 子**)이 없고
무남독녀 외동딸만이 있었어.

두 모녀는 밤 하늘에 떠 있는
크고(**클 대: 大**)
작은(**작을 소: 小**) 별들을 보고
두 손을 맞잡고(**두 손 맞잡을 공: 廾**)
기도를 하는거야.
"우리 남편이 무사히 돌아오게 해 주세요"
"우리 아버지가 건강하게 돌아오게 해 주세요"

부자가 납치된 그날부터
모녀는 매일 밤 그렇게 기도를 해왔던거야.

네 번째 마당

청년은 모녀의 기도소리를 들으면서
'세상에 가족보다 더 소중한 보물은 없구나'라는 생각이 들었지.
그 순간 청년은 도망칠 생각이 사라지고
부자를 가족품으로 보내야겠다는 굳은 결심을 하게 되었어.

청년은 잠시 틈을 타
마디 마디(**마디 촌: 寸**)
싹이 난(**싹날 철: 屮**)
대나무를 잘라 뾰족한 창을 만들어 선비로 변장한 산적을 힘껏 찔렀어.

너무나 갑작스레 당한 그 산적은
발을 절뚝거리며(**절름발이 왕: 尢**) 도망가다가
결국 시체(**주검 시: 尸**)처럼 바닥에 누워버렸어.

청년은 그 길로
시내(**내 천: 川**)를 가로질러
부자가 잡혀있는
산(**뫼 산: 山**)으로 몰래 숨어들어 갔지.

47

네 번째 마당

산적 두목의 몸(**몸 기: 己**)은
작았으며(**작을 요: 幺**)
얼굴은 돼지머리(**돼지머리 계: 彐**) 저팔계를 닮았고
온 몸이 털(**터럭 삼: 彡**)로 뒤덮여 있었지.

손목에는 늘 수건(**수건 건: 巾**)을 감고 있었어.
양손에는
활(**활 궁: 弓**)과 줄을 맨 화살(**주살 익: 弋**)을 들고
무엇보다 걷는 모습이 우스꽝스러웠어.

한 발은 조금 걷고 (**조금 걸을 척: 彳**)
다른 한 발은 길게 걷는 (**길게 걸을 인: 廴**)
걸음걸이를 보고 방패(**방패 간: 干**) 만들기의 최고 장인(**장인 공: 工**) 부하가
몰래 웃었다며 단칼에 죽여버렸지 뭐야.
자비의 마음(**마음 심: 心**)이라곤
눈곱만큼도 없는 잔인한 놈이었어.

네 번째 마당 — 샌드아트 그림으로 연상하기

3획

38. 몸 기(己)

상체를 구부리고 앉아 있는
사람의 모습

39. 저녁 석(夕)

초승달의 모습에서 온 글자

40. 여자 여(女)

여자가 다소곳이 두 손을
모으고 앉아 있는 모양

41. 아들 자(子)

담요에 쌓인 어린아이가
두 손을 밖으로 내어놓은 모양

42. 큰 대(大)

사람이 서서 두 손을
양 옆으로 펼친 모양

43. 작을 소(小)

큰 바위에서 떨어져 나온
작은 알갱이

네 번째 마당 — 샌드아트 그림으로 연상하기

3획

44. 두 손 맞잡을 공 (廾)

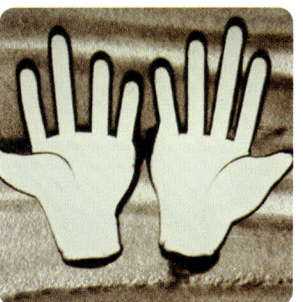

왼손과 오른손이 맞잡은 모양

45. 마디 촌 (寸)

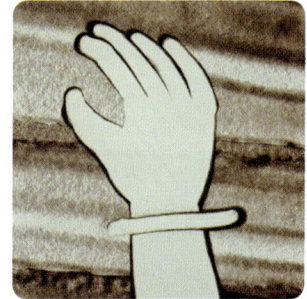

손목 마디와 맥박을 표현

46. 싹 날 철 (屮)

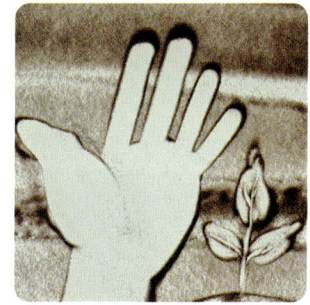

땅에서 돋아나는 풀의 모양

47. 절름발이 왕 (尢)

다리 한쪽이 굽어진 모양

48. 주검 시 (尸)

죽은 시체나 의자에 앉아 있는 모양

49. 내 천 (川)

흘러가는 시내를 표현함

네 번째 마당 — 샌드아트 그림으로 연상하기

3획

50. 뫼 산(山)

여러 봉우리의 산을 표현

51. 작을 요(幺)

작은 실타래의 모양을 표현

52. 돼지머리 계(彐)

돼지의 머리나 고슴도치의 머리 혹은 손을 나타냄

53. 터럭 삼(彡)

가지런히 난 수염의 모양

54. 수건 건(巾)
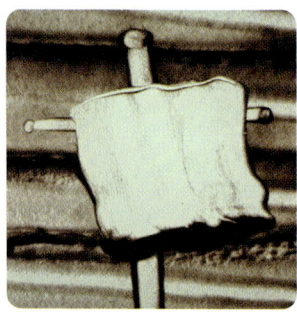
나무에 걸린 수건이나 천

55. 활 궁(弓)
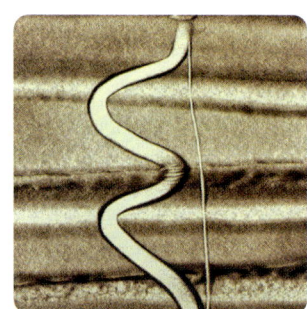
세워 놓은 활의 모양

네 번째 마당 — 샌드아트 그림으로 연상하기

3획

56. 주살 익(弋)

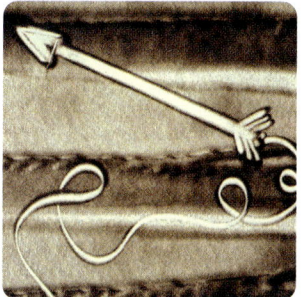

줄로 묶어 놓은 화살을 표현

57. 조금 걸을 척(彳)

사거리를 뜻하는 '行'[다닐 행]에서 일부(彳)만 다닐 수 있다는 의미

58. 길게 걸을 인(廴)

발을 길게 끌며 멀리 옮겨 놓는 것을 표현

59. 방패 간(干)

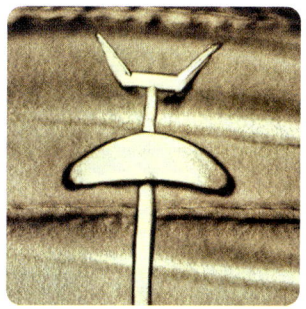

사냥과 전쟁에 사용한 방패

60. 장인 공(工)

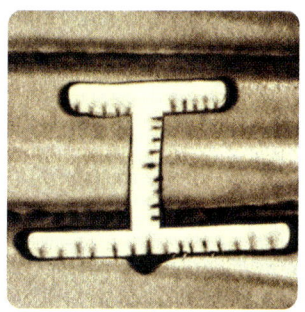

장인들이 들고 다니던 자 모양

61. 마음 심(心)

사람의 심장 모양에서 온 글자

네 번째 마당 — 익힘 학습

✏️ 오늘 배운 부수한자 3획을 빈칸에 따라 쓰면서 복습해 보세요.

38. 몸 기(己) - 상체를 구부리고 앉아 있는 사람의 모습

己

39. 저녁 석(夕) - 초승달의 모양을 본 뜬 글자

夕

40. 여자 여(女) - 꿇어앉은 한 여인이 두 손을 교차하여 가슴 앞에 두고 있는 것을 본뜬 글자

女

41. 아들 자(子) - 담요에 쌓인 어린아이가 두 손을 밖으로 내어 놓은 모양

子

42. 클 대(大) - 당당하게 정면을 향해 서 있는 사람을 본뜬 것

大

43. 작을 소(小) - 작은 모래알이나 물방울이 튀어 나가는 모양에서 작다는 의미가 나옴

小

네 번째 마당 — 익힘 학습

✏️ 오늘 배운 부수한자 3획을 빈칸에 따라 쓰면서 복습해 보세요.

44. 두 손 맞잡을 공(廾) – 왼손과 오른손을 맞잡아 떠 받든 모양

| 廾 | | | | | | | | |

45. 마디 촌(寸) – 손목에서 맥박이 뛰는 곳까지의 거리가 손가락 한 마디의 길이라는 데서 '마디'의 뜻을 나타냄

| 寸 | | | | | | | | |

46. 싹날 철(屮) – 초목에 싹이 튼 모양, 왼손 좌로 불리기도 함

| 屮 | | | | | | | | |

47. 절름발이 왕(尢) – 정강이 뼈가 구부러져 정상적으로 걷지 못하는 모양

| 尢 | | | | | | | | |

48. 주검 시(尸) – 죽은 시체 혹은 엉덩이를 땅에 붙이지 않고 엉거주춤 앉은 모습

| 尸 | | | | | | | | |

49. 내 천(川) – 하천이 구불구불하게 흘러가는 모양

| 川 | | | | | | | | |

네 번째 마당 — 익힘 학습

✏️ 오늘 배운 부수한자 3획을 빈칸에 따라 쓰면서 복습해 보세요.

50. 뫼 산(山) - 산봉우리가 겹쳐 있는 모양

| 山 | | | | | | | | | |

51. 작을 요(幺) - 작은 실타래 모양

| 幺 | | | | | | | | | |

52. 돼지머리 계(彐) - 돼지머리나 고슴도치 머리의 머리, 혹은 손 모양을 본 딴 글자

| 彐 | | | | | | | | | |

53. 터럭 삼(彡) - 털이 가지런히 나 있는 모습

| 彡 | | | | | | | | | |

54. 수건 건(巾) - 나무에 걸려 있는 천의 모습, 옷을 나타내기도 한다.

| 巾 | | | | | | | | | |

55. 활 궁(弓) - 활을 세워 놓은 모습

| 弓 | | | | | | | | | |

네 번째 마당 — 익힘 학습

✏️ 오늘 배운 부수한자 3획을 빈칸에 따라 쓰면서 복습해 보세요.

56. 주살 익(弋) – 주살은 '줄'과 '화살'의 합친 말이다. 줄을 맨 화살의 모양

弋

57. 조금 걸을 척(彳) – '사거리'를 뜻하는 '行'(다닐 행)에서 일부(彳)만 다닐 수 있다는 의미

彳

58. 길게 걸을 인(廴) – 발을 길게 끌며 멀리 옮겨 놓는 것을 표현

廴

59. 방패 간(干) – 사냥과 전쟁에서 꼭 필요한 무기라는 뜻에서 몸통, 근본의 뜻도 있음

干

60. 장인 공(工) – 하늘과 땅을 이어주는 사람

工

61. 마음 심(心) – 사람의 심장 모양을 본뜬 글자

心

세상에서 가장 쉽고 재미있게
샌드아트 이미지와 **스토리텔링**을 통한

샌드아트 부수한자
214자

산적들이 살고 있는 다섯 번째 마당

❶ 부수한자 4획 (1)

62. 글월 문(文)
63. 손 수(手)
64. 창 과(戈)
65. 왼쪽문 호(戶)
66. 두드릴 복(攵)
67. 말 두(斗)
68. 해 일(日)
69. 없을 무(无)
70. 달 월(月)
71. 뼈 앙상할 알(歹)
72. 방향 방(方)
73. 나무 목(木)
74. 하품할 흠(欠)
75. 도끼 근(斤)
76. 가로 왈(曰)
77. 몽둥이 수(殳)
78. 그칠 지(止)
79. 지탱할 지(支)

샌드아트 그림 연상

익힘 학습

다섯 번째 마당   **산적들이 살고 있는**

산적들이 살고 있는 마을 곳곳에는
청년의 얼굴과
현상금을 적은 글(**글월 문: 文**)이 붙었어.

부하들은
손(**손 수: 手**)에
창(**창 과: 戈**)을 들고
이 집 저 집 문(**왼쪽문 호: 戶**)을
두드리며(**두드릴 복: 攵**)
청년을 찾고 있었어.

심지어 곡식을 담아둔
말(**말 두: 斗**)까지 뒤집으면서
숨어있는지를 확인했지.

다섯 번째 마당

청년은
숲속에 계속 숨어 있다가

해(**해 일: 日**)가
서쪽 산 뒤로 사라지고(**없을 무: 无**)
초승 달(**달 월: 月**)이
앙상하게(**뼈앙상할 알: 歹**) 떠 올라
사방(**방향 방: 方**)이 어두워졌을 무렵,

그곳을 빠져나왔어.

몇 걸음을 걸었을까,
갑자기 나무(**나무 목: 木**) 위에서
큰 하품(**하품할 흠: 欠**) 소리가 나는 거야.

다섯 번째 마당

그리고 갑자기
도끼(**도끼 근: 斤**)를 든 산적 두목이
큰 소리로(**가로 왈: 曰**),
"몽둥이(**몽둥이 수: 殳**)를 버리고
그 자리에 멈추시지(**그칠 지: 止**)!"
라고 외치는 거야.

산적 두목은 나무 위에서
가지에 몸을 지탱한 채(**지탱할 지: 支**)
청년을 계속해서 기다렸던 거야.

다섯 번째 마당
샌드아트 그림으로 연상하기

4획

62. 글월 문(文)

가슴이나 등에 새기던 문신

63. 손 수(手)

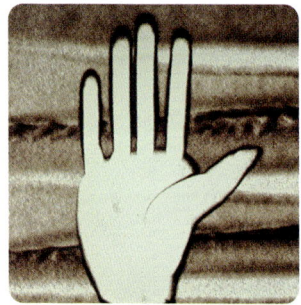

한 손을 펼친 모양

64. 창 과(戈)

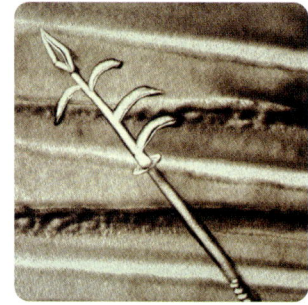

전쟁의 무기였던 창의 모양

65. 왼쪽문 호(戶)

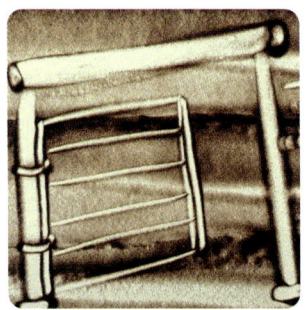

문짝이 하나인 [지게문]을 본뜬 글자

66. 두드릴 복(攵)

오른손으로 막대기를 든 모양

67. 말 두(斗)

곡식의 양을 측량하는 도구인 말의 모양

다섯 번째 마당 — 샌드아트 그림으로 연상하기

4획

68. 해 일(日)

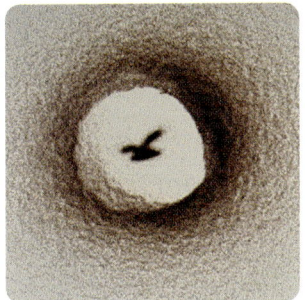

태양과 가운데 있는 흑점

69. 없을 무(无)

없을 '無'의 옛날 표기

70. 달 월(月)

초승달을 본 따 만든 글자

71. 뼈 앙상할 알(歹)

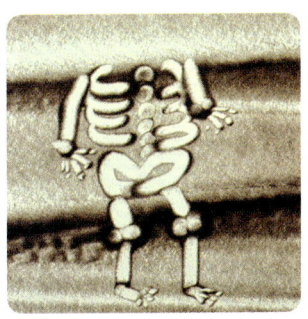

살을 발라낸 뼈의 나머지

72. 방향 방(方)

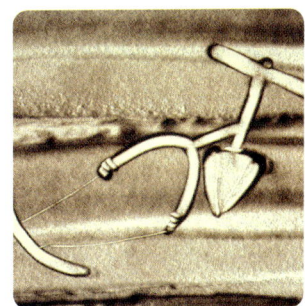

쟁기를 잡고 밭을 가는 모양

73. 나무 목(木)

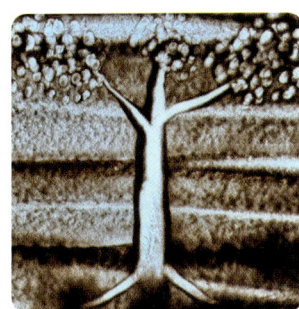

나무의 가지와 뿌리 모양

다섯 번째 마당
샌드아트 그림으로 연상하기

4획

74. 하품할 흠(欠)

입을 크게 벌린 모양

75. 도끼 근(斤)
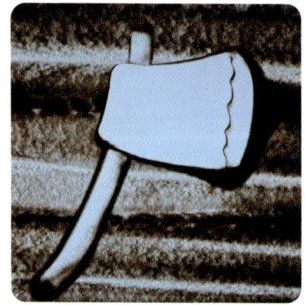
도끼의 날과 자루를 표현

76. 가로 왈(曰)

말을 하고 있는 입의 모양

77. 몽둥이 수(殳)
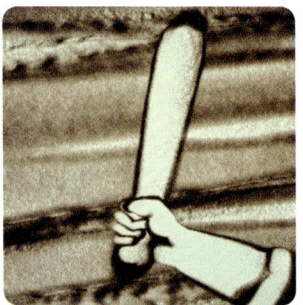
손에 몽둥이를 들고 있는 모양

78. 그칠 지(止)

발바닥이 땅에 붙어 있는 모양

79. 지탱할 지(支)
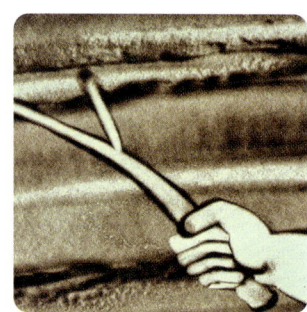
손에 나뭇가지를 들고 있음

다섯 번째 마당   익힘 학습

✏️ 오늘 배운 부수한자 4획을 빈칸에 따라 쓰면서 복습해 보세요.

62. 글월 문(文) - 본래의 뜻은 사람의 가슴이나 등에 새긴 '문신'을 뜻하는 글자로, 후에 의미가 확장됨

文

63. 손 수(手) - 한 손을 펼친 모양을 본 뜬 글자이다. 노동을 의미하기도 한다.

手

64. 창 과(戈) - 머리가 평평한 창을 본 뜬 글자이다.

戈

65. 왼쪽문 호(戶) - 사립문(지게문) 을 본 뜬 글자이다.

戶

66. 두드릴 복(攵) - 오른손으로 막대기를 든 모양이다.

攵

67. 말 두(斗) - 곡식을 정확하게 재기 위해 사용하는 그릇에서 '헤아리다' '추측하다'의 뜻이 나옴

斗

다섯 번째 마당 — 익힘 학습

✏️ 오늘 배운 부수한자 4획을 빈칸에 따라 쓰면서 복습해 보세요.

68. 해 일(日) - 둥근 해의 모양을 본 뜬 글자(날 일)

日

69. 없을 무(无) - 온전치 않은 사람의 머리 위에 '一'의 부호를 더해 머리가 보이지 않는다는 의미

无

70. 달 월(月) - 초승달을 본 뜬 글자

月

71. 뼈 앙상할 알(歹) - 살을 발라낸 뼈의 나머지

歹

72. 방향 방(方) - 쟁기의 날 부분을 본 뜬 글자로 농사의 수단과 방법, 방향을 나타냄

方

73. 나무 목(木) - 한 그루의 나무가 우뚝 서 있는 모습

木

다섯 번째 마당 — 익힘 학습

✏️ 오늘 배운 부수한자 4획을 빈칸에 따라 쓰면서 복습해 보세요.

74. 하품할 흠(欠) – 입을 크게 벌리고 있는 사람을 형상화

欠

75. 도끼 근(斤) – 도끼날과 자루를 그림

斤

76. 가로 왈(曰) – 말하는 입을 형상화, 높임말로 '말씀하시되' 낮춘 말로 '말하되'의 의미

曰

77. 몽둥이 수(殳) – 손에 몽둥이를 들고 있는 모양

殳

78. 그칠 지(止) – 엄지발가락이 길게 뻗어 있는 모양 – 걸을 수 없음

止

79. 지탱할 지(支) – 손에 나뭇가지를 잡고 있음

支

세상에서 가장 쉽고 재미있게
샌드아트 이미지와 스토리텔링을 통한

샌드아트 부수한자
214자

청년은 "아버지!" 소리 한번

여섯 번째 마당

1 부수한자 4획 (2)

- 80. 아비 부(父)
- 81. 말 무(毋)
- 82. 사귈 효(爻)
- 83. 소 우(牛)
- 84. 견줄 비(比)
- 85. 어금니 아(牙)
- 86. 물 수(水)
- 87. 손톱 조(爫)
- 88. 털 모(毛)
- 89. 조각 편(片)
- 90. 조각 장(爿)
- 91. 고기 육(肉)-6획
- 92. 불 화(火)
- 93. 기운 기(气)
- 94. 오이 과(瓜)
- 95. 구슬 옥(玉)
- 96. 성씨 씨(氏)
- 97. 검을 현(玄)
- 98. 개 견(犬)

샌드아트 그림 연상
익힘 학습

여섯 번째 마당

청년은 "아버지!" 소리 한번

청년은 "아버지!(**아비 부: 父**)"
소리 한번 지르지 못하고 (**말 무: 毋**) 잡혀
나무에 꽁꽁 묶여 죽기만을 기다리는 신세가 되고 말았어.

산적떼들은 청년을 잡은 기쁨에 한바탕 술판을 벌이며
그들만의 친교(**사귈 효: 爻**)를 가졌어.
가축 우리 안에 있던 소(**소 우: 牛**)들을
비교(**견줄 비: 比**)한 후,
어금니(**어금니 아: 牙**)가 튼튼한 소를 골라
물(**물 수: 水**)로 씻고
발톱(**손톱 조: 爪**)을 깎고
털(**털 모: 毛**)을 다 밀었어.

조각(**조각 편: 片**) 조각(**조각 장: 爿**) 장작을 패고
손질한 고기(**고기 육: 肉**)를
불(**불 화: 火**)에 구워 밤새 술과 함께 먹고 마신 후
모두 깊은 잠에 골아 떨어진 거야.

여섯 번째 마당

청년은 이 기회를 놓치지 않고
기운(**기운 기: 气**)을 차리고
묶여있던 밧줄을 풀었어.
그리고 오이밭(**오이 과: 瓜**) 옆에
위치한 감옥으로 갔지.

부자집 부인이 급할 때 사용하라고 준
옥구슬(**구슬 옥: 玉**)을 가슴속에서 꺼내
감옥을 지키던
이름 모를 성(**성씨 씨: 氏**)의 문지기 산적을 설득하여
갇혀있던 부자를 빼내 함께 도망을 치기 시작했어.

짙은 어둠(**검을 현: 玄**) 사이로
개(**개 견: 犬**) 짖는 소리가
산속 깊숙이 울려 퍼져나갔어.

여섯 번째 마당
샌드아트 그림으로 연상하기

4획 - 2

80. 아비 부(父)

한 손으로 돌도끼를 잡고 있는 아버지의 모습

81. 말 무(毋)

어미 모(母)에서 세로선을 그어 금지를 나타냄

82. 사귈 효(爻)
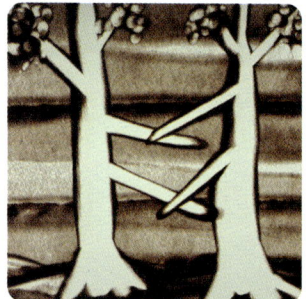
나뭇가지등이 서로 엇갈린 모양

83. 소 우(牛)
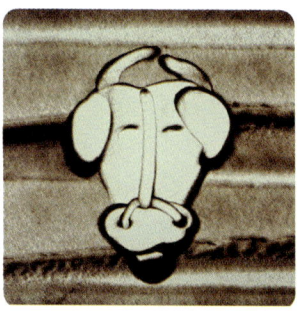
소의 머리 부분을 나타냄

84. 견줄 비(比)

나란히 앉아 있는 두 사람

85. 어금니 아(牙)
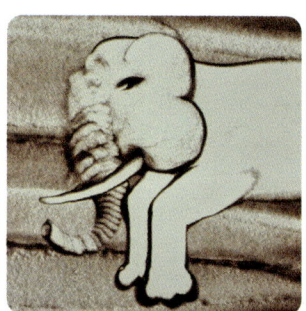
동물의 맞물려 있는 앞니 모양

여섯 번째 마당 — 샌드아트 그림으로 연상하기

4획-2

86. 물 수(水)
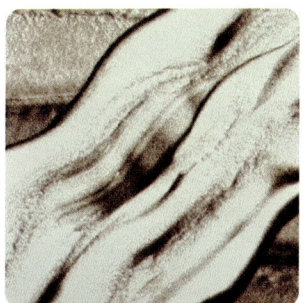
물이 끊임없이 흘러가는 모양

87. 손톱 조(爪)
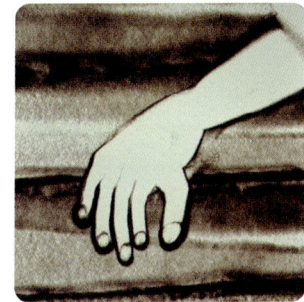
손톱으로 무엇인가 긁는 모양

88. 털 모(毛)

털의 뿌리, 끝부분을 형상화

89. 조각 편(片)

통나무를 쪼갠 오른편 모양

90. 조각 장(爿)
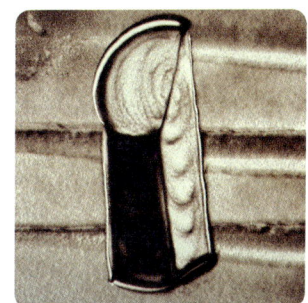
통나무를 쪼갠 왼편 모양

91. 고기 육(肉) - 6획

칼로 정연하게 잘라놓은 고기 덩어리의 모양

여섯 번째 마당
4획-2

샌드아트 그림으로 연상하기

92. 불 화(火)

활활타는 불의 모습

93. 기운 기(气)

공기의 흐름을 표현

94. 오이 과(瓜)
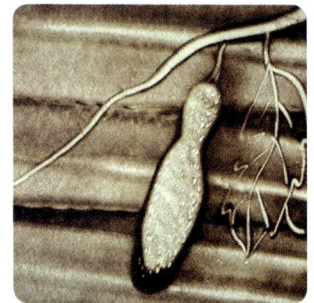
줄기에 달린 오이의 모양

95. 구슬 옥(玉)
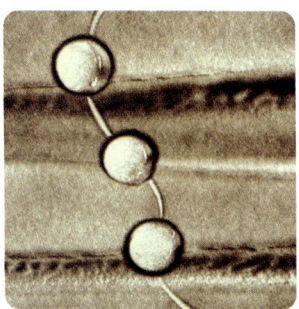
여러개의 옥을 구슬로 꿰어놓은 모양

96. 성씨 씨(氏)

여러갈래로 나뉘어진 나무뿌리

97. 검을 현(玄)
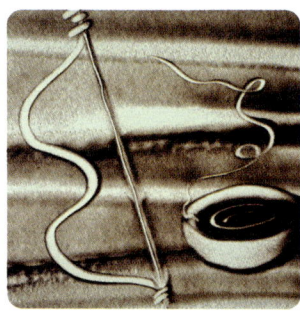
활의 시위인 실을 물에 담그면 거무스레해 지는데서 생겨남

여섯 번째 마당

4획-2

샌드아트 그림으로 연상하기

98. 개 견(犬)

서 있는 개의 목에 줄이 달린 모양

여섯 번째 마당 — 익힘 학습

✏️ 오늘 배운 부수한자 4획을 빈칸에 따라 쓰면서 복습해 보세요.

80. 아비 부(父) - 한 손으로 돌도끼를 잡고 있는 모습을 본뜬 글자

父

81. 말 무(毋) - '어미 모'에서 파생되어 나온 글자. 어미 모에서 세로로 그은 선은 '금지'를 뜻함

毋

82. 사귈 효(爻) - 나뭇가지, 산가지를 교차한 모양. '엇갈릴 효'로도 사용

爻

83. 소 우(牛) - 뿔 달린 소의 모양

牛

84. 견줄 비(比) - 두 사람이 나란히 어깨를 맞대고 있는 모양

比

85. 어금니 아(牙) - 동물의 이가 서로 맞물려 있는 모양

牙

여섯 번째 마당 — 익힘 학습

✏️ 오늘 배운 부수한자 4획을 빈칸에 따라 쓰면서 복습해 보세요.

86. 물 수(水) – 물이 끊임없이 흘러가는 모양을 본 뜬 글자

水

87. 손톱 조(爪) – 손톱으로 무언가를 긁는 모양

爪

88. 털 모(毛) – 털의 뿌리, 줄기, 끝부분을 형상화

毛

89. 조각 편(片) – 통나무를 쪼갠 것 중에서 오른편의 것

片

90. 조각 장(爿) – 통나무를 쪼갠 것 중에서 왼편의 것

爿

91. 고기 육(肉) – 칼로 정연하게 잘라 놓은 고기 덩어리의 모양

肉

여섯 번째 마당 익힘 학습

✏️ 오늘 배운 부수한자 4획을 빈칸에 따라 쓰면서 복습해 보세요.

92. 불 화(火) - 활 활 타는 불의 모습

| 火 | | | | | | | |

93. 기운 기(气) - 공기의 흐름을 나타낸 글자로, 후에 米(쌀 미)를 더하여 '기운'의 뜻을 나타냄

| 气 | | | | | | | |

94. 오이 과(瓜) - 오이가 자란 모양을 본 뜸

| 瓜 | | | | | | | |

95. 구슬 옥(玉) - 여러개의 옥을 구슬로 꿰어 놓은 모양

| 玉 | | | | | | | |

96. 성씨 씨(氏) - 여러 갈래로 갈라진 나무의 뿌리를 본떠 만든 글자

| 氏 | | | | | | | |

97. 검을 현(玄) - 활의 시위인 실을 물에 담그면 거무스레해 지는데서 생겨남

| 玄 | | | | | | | |

여섯 번째 마당 — 익힘 학습

✏️ 오늘 배운 부수한자 4획을 빈칸에 따라 쓰면서 복습해 보세요.

98. 개 견(犬) – 두 발을 들고 서 있는 목줄 달린 개의 모습

| 犬 | | | | | | | | | | |

세상에서 가장 쉽고 재미있게
샌드아트 이미지와 **스토리텔링**을 통한

샌드아트 부수한자
214자

산적 떼로 부터 **일곱 번째 마당**

① 부수한자 5획

99. 날 생(生)
100. 달 감(甘)
101. 기와 와(瓦)
102. 쓸 용(用)
103. 밭 전(田)
104. 걸을 발(癶)
105. 발 소(疋)
106. 병들어 기댈 녁(疒)
107. 흰 백(白)
108. 가죽 피(皮)
109. 벼 화(禾)

110. 그릇 명(皿)
111. 돌 석(石)
112. 발자국 유(內)
113. 창 모(矛)
114. 화살 시(矢)
115. 설 입(立)
116. 굴 혈(穴)
117. 눈 목(目)
118. 보일 시(示)

샌드아트 그림 연상
익힘 학습

일곱 번째 마당   산적 떼로 부터

산적 떼로부터 탈출에 성공하여
집으로 돌아오는 그 길은
마치 죽었다가
다시 태어난(**날 생: 生**) 느낌이 들었어.

그러나 그 탈출의 달콤함(**달 감: 甘**)도 잠시뿐
또 다른 시련이 그들을 기다리고 있었어.

부자의 기와집(**기와 와: 瓦**)에 돌아와 보니
부인은 남편을 기다리다
중병이 들어 누워있었고
무남독녀 외동딸은
어머니의 중병을 고치는데 쓸(**쓸 용: 用**)
약초를 찾아 온 들판과 밭(**밭 전: 田**)을
이리저리 걸어다니며(**걸을 발: 癶**) 애를 쓰다가
발(**발 소: 疋**)을 심하게 다쳐
벽에 기대어(**병들어 기댈 녘: 疒**) 있었어.

일곱 번째 마당

그들의 딱한 처지를 본 청년은
모녀를 고칠 약초를 캐 오겠다며 지체치 않고 길을 떠났어.

흰(**흰 백: 白**) 눈이 대지를 덮은 날,
부자는 길 떠나는 청년에게
자기가 입던 가죽옷(**가죽 피: 皮**)을 내밀며
미안함과 고마움을 표시했어.

청년은 눈밭의 새를 잡고 양식으로 쓸
벼(**벼 화: 禾**) 몇 줌을
그릇(**그릇 명: 皿**)에 담아 맨 채
험한 돌(**돌 석: 石**) 산을 올랐어.

그런데 얼마 못 가
커다란 짐승 발자국(**발자국 유: 肉**)을 보고
빈손으로는 안 되겠다 싶어
다시 산을 내려와 부자집으로 돌아왔지.

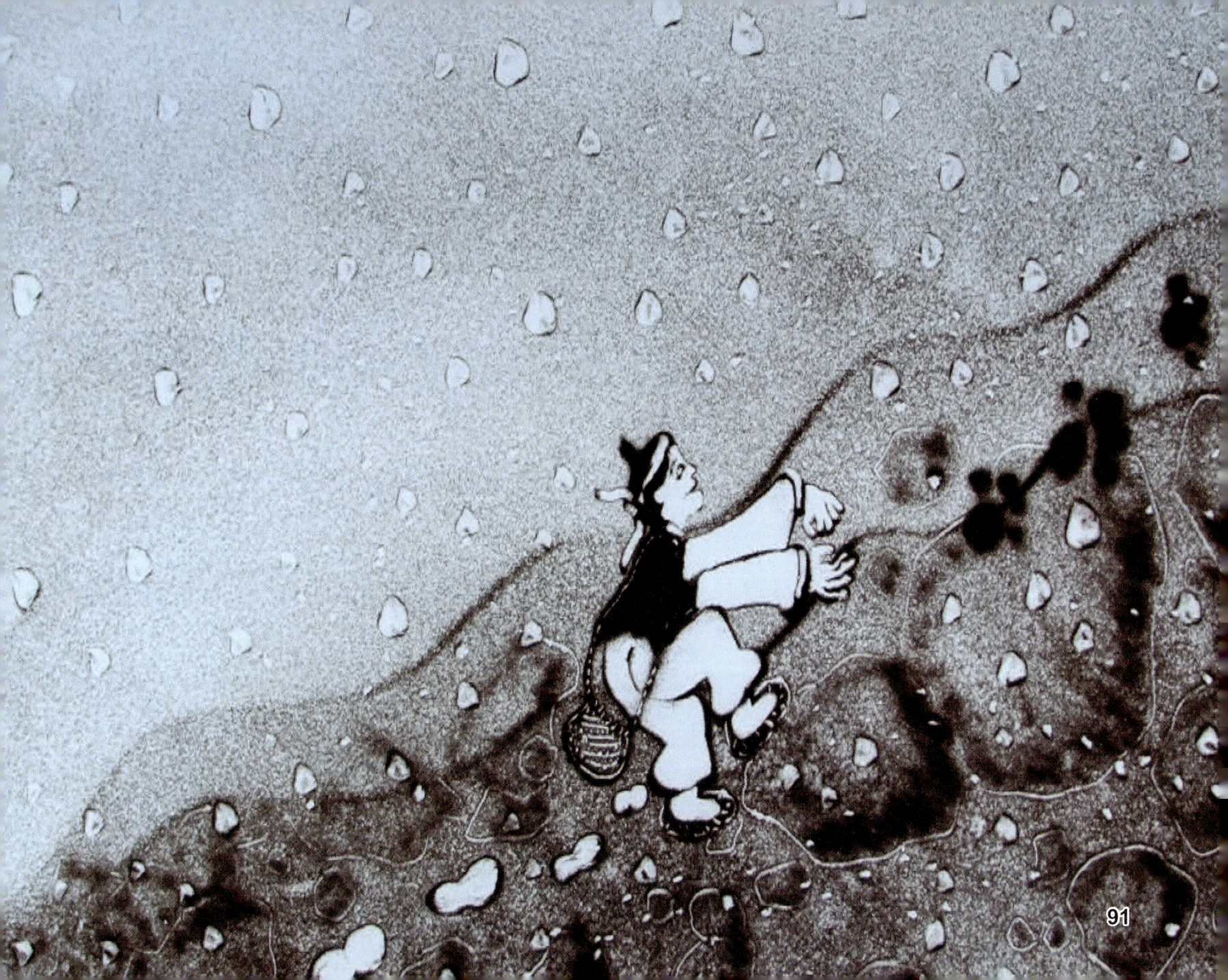

일곱 번째 마당

다음날
다시 그 부자의 집을 나서는
청년의 손에는 창(**창 모: 矛**)이,
어깨에는 활과 화살(**화살 시: 矢**)이 들려 있었어.

조심스레 서서(**설 입: 立**)
주위를 자세히 살피며 나아가는데
동굴(**굴 혈: 穴**) 하나가
청년의
두 눈(**눈 목: 目**)에
보이는 거야(**보일 시: 示**).

일곱 번째 마당 — 샌드아트 그림으로 연상하기

5획

99. 날 생(生)

새 싹이 땅위로 돋아난 모양

100. 달 감(甘)

입안에 음식이 들어와 있음을 나타낸 글자

101. 기와 와(瓦)

기와가 서로 겹쳐진 모양

102. 쓸 용(用)

나무로 만든 통의 모양

103. 밭 전(田)

여러 고랑으로 나뉘어진 밭

104. 걸을 발(癶)
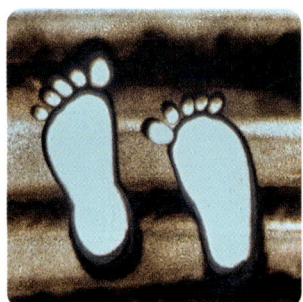
두 발이 어그러진 모양

일곱 번째 마당

샌드아트 그림으로 연상하기

5획

105. 발 소(疋)

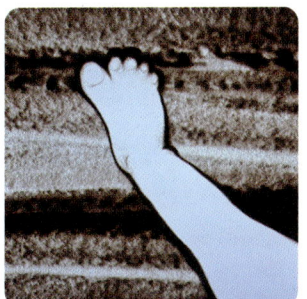

종아리와 장딴지가 포함된 발

106. 병들어 기댈 녁(疒)

병들어 누워있는 모습

107. 흰 백(白)

촛불의 심지 모양

108. 가죽 피(皮)

짐승의 가죽을 벗기는 모습

109. 벼 화(禾)

고개를 숙인 벼 이삭의 모양

110. 그릇 명(皿)

제사에 쓰이는 그릇의 모양

일곱 번째 마당 — 샌드아트 그림으로 연상하기

5획

111. 돌 석(石)

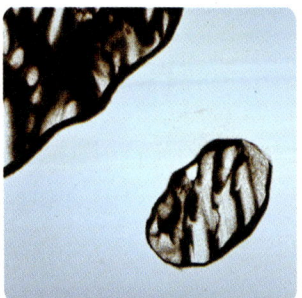

언덕 아래로 굴러떨어진 돌의 모양

112. 발자국 유(內)

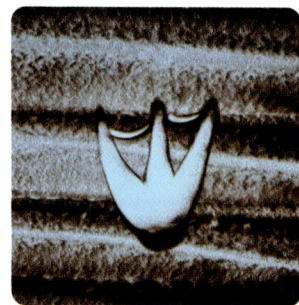

땅바닥에 찍힌 짐승의 발자국

113. 창 모(矛)

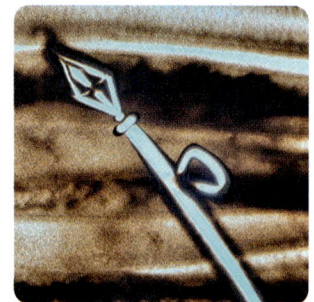

긴 자루에 끝이 뾰족한 창

114. 화살 시(矢)

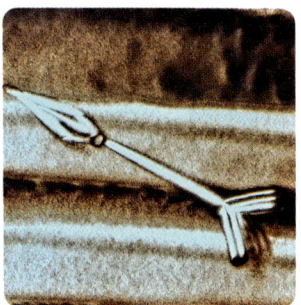

화살의 모양을 본 뜬 글자

115. 설 입(立)

두 다리로 땅바닥을 딛고 서있는 사람의 모양

116. 굴 혈(穴)

산 속에 구멍을 판 모양

일곱 번째 마당

샌드아트 그림으로 연상하기

5획

117. 눈 목(目)

사람의 눈을 표현

118. 보일 시(示)

신에게 제사를 드리는 제단의 모양

일곱 번째 마당 — 익힘 학습

✏️ 오늘 배운 부수한자 5획을 빈칸에 따라 쓰면서 복습해 보세요.

99. 날 생(生) - 새싹이 땅 위로 돋아나서 자라는 모양을 본뜬 글자

生									

100. 달 감(甘) - 입안에 맛있는 음식이 있는것을 나타냄

甘									

101. 기와 와(瓦) - 기와가 겹쳐진 모양

瓦									

102. 쓸 용(用) - 쇠북(종)의 형상 혹은 나무로 만든 통의 모양

用									

103. 밭 전(田) - 여러 고랑으로 나뉘어 진 밭이나 사냥터를 의미함

田									

104. 걸을 발(癶) - 두 발이 어그러진 모습

癶									

일곱 번째 마당   익힘 학습

✏️ 오늘 배운 부수한자 5획을 빈칸에 따라 쓰면서 복습해 보세요.

105. 발 소(疋) - 종아리와 장딴지가 포함된 발의 모습

疋

106. 병들어 기댈 녁(疒) - 병들어 누워 있는 모습

疒

107. 흰 백(白) - 촛불의 심지 모양을 본뜬 글자

白

108. 가죽 피(皮) - 짐승을 눕히고 손으로 가죽을 벗기는 모습

皮

109. 벼 화(禾) - 이삭이 달린 벼를 본뜬 글자

禾

110. 그릇 명(皿) - 그릇을 본뜬 글자

皿

일곱 번째 마당 — 익힘 학습

✏️ 오늘 배운 부수한자 5획을 빈칸에 따라 쓰면서 복습해 보세요.

111. 돌 석(石) - 언덕 아래로 굴러 떨어진 돌의 모양

| 石 | | | | | | | | | |

112. 발자국 유(內) - 짐승의 발이 땅을 밟은 것을 표현

| 內 | | | | | | | | | |

113. 창 모(矛) - 긴 자루위에 뾰족한 창날이 달려 있는 무기의 모양

| 矛 | | | | | | | | | |

114. 화살 시(矢) - 화살의 모양을 본 뜬 글자

| 矢 | | | | | | | | | |

115. 설 입(立) - 땅 위에 사람이 서 있는 것을 표현

| 立 | | | | | | | | | |

116. 굴 혈(穴) - 산 속에 구멍을 판 모양

| 穴 | | | | | | | | | |

일곱 번째 마당 — 익힘 학습

✏️ 오늘 배운 부수한자 5획을 빈칸에 따라 쓰면서 복습해 보세요.

117. 눈 목(目) – 사람의 눈을 표현

| 目 | | | | | | | | | |

118. 보일 시(示) – 신에게 제사를 드리던 제단을 표현

| 示 | | | | | | | | | |

세상에서 가장 쉽고 재미있게
샌드아트 이미지와 스토리텔링을 통한

샌드아트 부수한자
214자

1 부수한자 6획

119. 깃 우(羽)
120. 양 양(羊)
121. 실 사(糸)
122. 대나무 죽(竹)
123. 그물 망(网)
124. 질그릇 부(缶)
125. 쌀 미(米)
126. 말이을 이(而)
127. 쟁기 뢰(耒)
128. 귀 이(耳)
129. 늙을 로(老)
130. 붓 율(聿)
131. 신하 신(臣)
132. 스스로 자(自)
133. 풀 초(艹)
134. 덮을 아(襾)
135. 갈 행(行)
136. 벌레 충(虫)
137. 이를 지(至)
138. 빛 색(色)
139. 호랑이 호(虍)
140. 피 혈(血)
141. 혀 설(舌)
142. 볼 견(見)
143. 옷 의(衣)
144. 그칠 간(艮)
145. 절구 구(臼)
146. 어그러질 천(舛)
147. 배 주(舟)

샌드아트 그림 연상
익힘 학습

동굴 주변에는 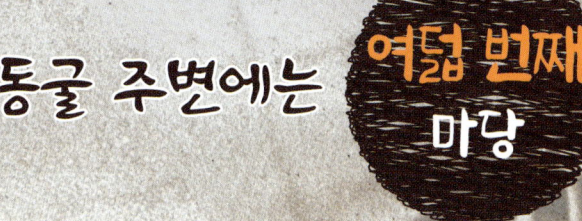 여덟 번째 마당

여덟 번째 마당

동굴 주변에는

동굴 주변에는
새의 깃털(**깃 우: 羽**)들이
어지럽게 흩어져 있고

양(**양 양: 羊**)털들은
실(**실 사: 糸**)처럼 얽혀
무성한 대나무(**대나무 죽: 竹**)에
마치 그물(**그물 망: 网**)처럼 걸려 있었어.

깨어진 도자기
질그릇(**질그릇 부: 缶**) 위에는
누군가 먹다 버린
쌀(**쌀 미: 米**)도 놓여 있었어.

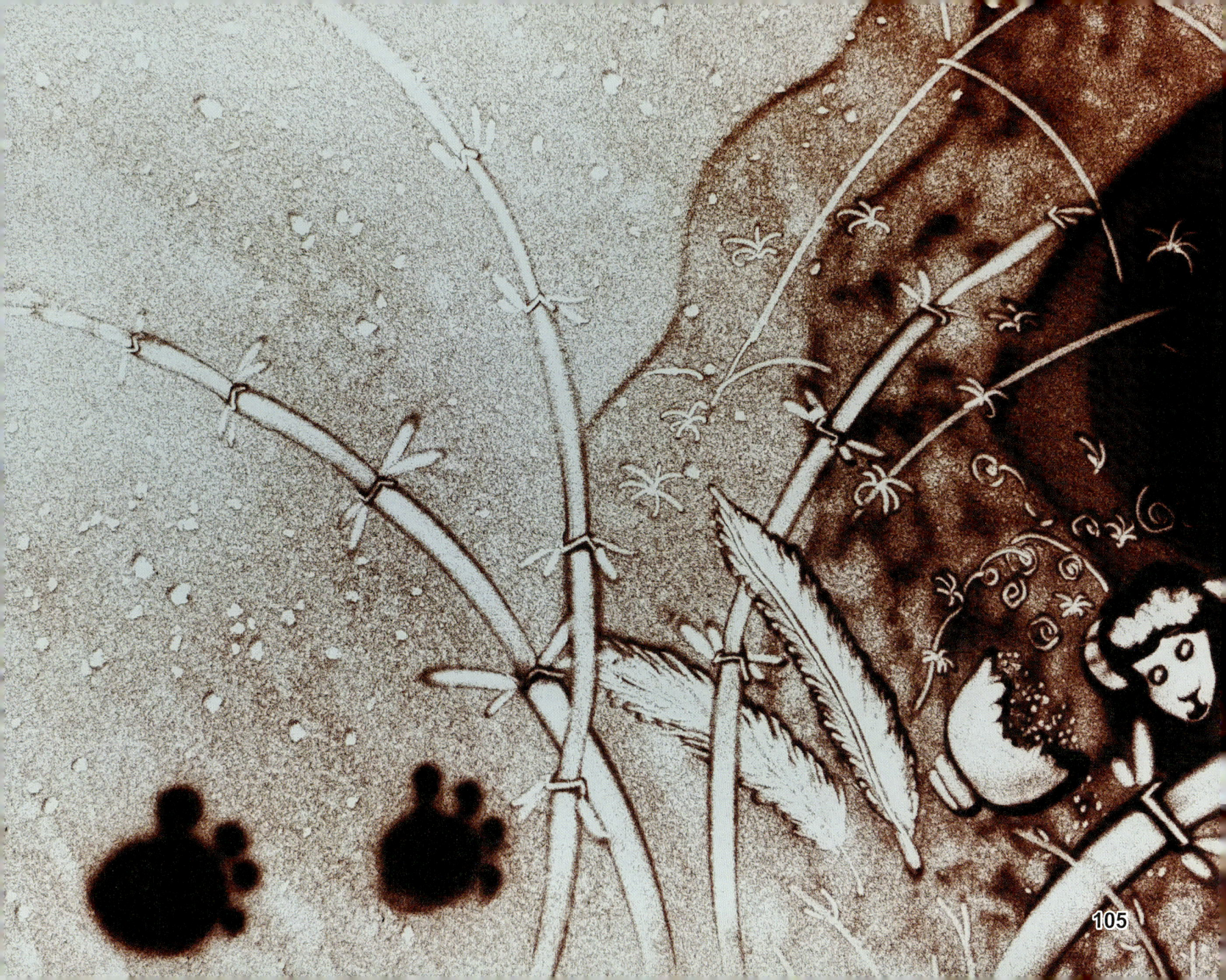

여덟 번째 마당

청년은 속으로 생각했지.
"이 큰 짐승 발자국의 주인공은 어떤 녀석일까?"

최근 저잣거리 사람들의 입에
끊이지 않고(**말이을 이: 而**)
오르내리는 그 호랑이는 아닐까?

쟁기질(**쟁기 뢰: 耒**)하던
귀(**귀 이: 耳**)먹은
노인(**늙을 로: 老**)을 해치고

뛰어난 붓(**붓 율: 聿**) 글씨로
임금님의 사랑을
한 몸(**몸 육: 肉**)에 받던
신하(**신하 신: 臣**)도 죽게 한
그 호랑이가 아닐까"

여덟 번째 마당

청년은 두려웠지만
병들어 누워있는 모녀를 생각하며 스스로(**스스로 자: 自**) 용기를 냈어.
풀(**풀 초: 艹**)들로 덮여있는(**덮을 아: 襾**)
동굴 입구를 헤치며 깊숙이 내려갔어(**갈 행: 行**).

벌레(**벌레 충: 虫**)들에게 물리고
동굴 안 깊은 곳에 이르렀을(**이르를 지: 至**) 때 말로만 듣던 그 약초를 보았어.
재빨리 손을 내밀려는 순간,
청년의 낯빛(**빛 색: 色**)은 하얗게 변하고 말았어.

갑자기 커다란 호랑이(**호랑이 호: 虍**) 한 마리가
피(**피 혈: 血**)가 뚝뚝 떨어지는 혀(**혀 설: 舌**)를 내밀며
청년을 보고(**볼 견: 見**) 있었던 거야.

입고 있던 옷(**옷 의: 衣**)도 버리고 정신없이 도망치던 청년은 몇 걸음 못 가서
멈출 수 (**그칠 간: 艮**)밖에 없었지.
어두운 동굴 속 절구(**절구 구: 臼**) 모양의 튀어나온 돌에 걸리면서
두 발이 어그러져(**어그러질 천: 舛**) 넘어지며 기절하고 말았어.
시간이 지나 정신을 차려보니 작은 배(**배 주: 舟**)를
세워 놓은 듯한 움막 안이었어.

여덟 번째 마당 — 샌드아트 그림으로 연상하기

6획

119. 깃 우(羽)

새의 두 날개를 표현

120. 양 양(羊)

양의 뿔과 머리를 표현

121. 실 사(糸)

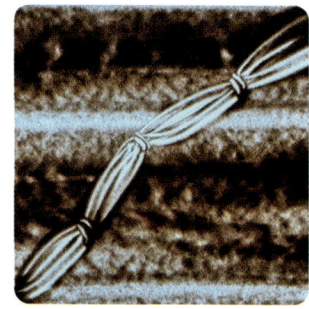

누에 고치에서 뽑은 실을 묶어 만든 실타레를 표현

122. 대나무 죽(竹)

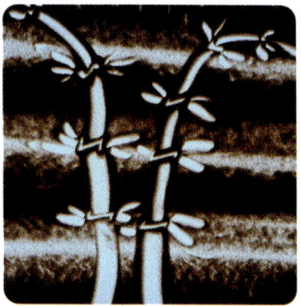

대나무의 줄기와 잎을 표현

123. 그물 망(网)

덮어 씌울 수 있는 그물을 상형화

124. 질그릇 부(缶)

뚜껑으로 덮여 있는 항아리

여덟 번째 마당

샌드아트 그림으로 연상하기

6획

125. 쌀 미(米)

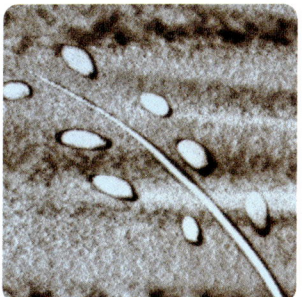

이삭 줄기에 달린 작은
곡물 알갱이를 표현

126. 말이을 이(而)

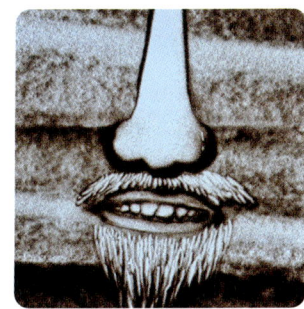

사람의 수염 혹은 뿌리가
이어짐을 본 딴 모양

127. 쟁기 뢰(耒)

손에 잡은 쟁기의 모양

128. 귀 이(耳)

귀를 나타낸 모양

129. 늙을 로(老)

허리가 굽은 노인이 지팡이를
짚은 모양

130. 붓 율(聿)

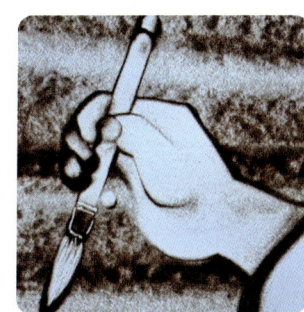

붓을 쥔 손을 나타낸 모양

여덟 번째 마당 — 샌드아트 그림으로 연상하기

6획

131. 신하 신(臣)

임금 앞에 머리를 숙여 눈을 아래로 감은 모양

132. 스스로 자(自)
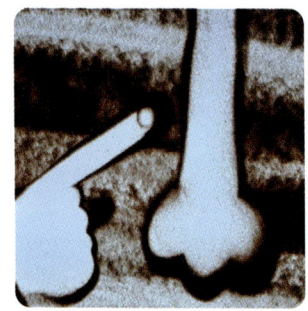
사람의 코를 정면에서 그린 모양. 나를 가르킬 때 코를 향함

133. 풀 초(艹)

싹이 돋는 모양

134. 덮을 아(襾)

그릇에 뚜껑이 달린 모양

135. 갈 행(行)

사람이나 마차가 다니던 사거리를 표현

136. 벌레 충(虫)
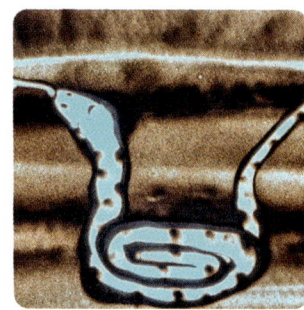
뱀처럼 머리는 크고 몸통은 작은 벌레의 모양

여덟 번째 마당

샌드아트 그림으로 연상하기

6획

137. 이를 지(至)

화살이 땅에 닿은 모양

138. 빛 색(色)

높은 사람이 야단을 치자 얼굴이 붉어짐

139. 호랑이 호(虎)

호랑이 무늬를 형상화

140. 피 혈(血)

제사용 그릇에 담긴 피를 나타냄

141. 혀 설(舌)

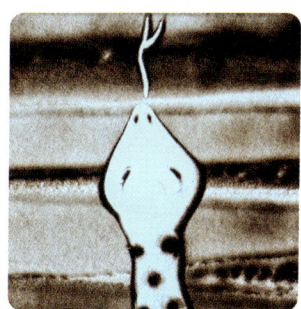

뱀이나 동물의 혀를 나타냄

142. 볼 견(見)

서서 바라보는 모양

여덟 번째 마당
샌드아트 그림으로 연상하기
6획

143. 옷 의(衣)

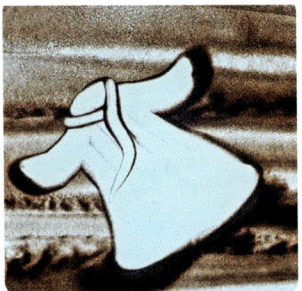

밑 단을 아래까지 길게
내린 옷의 모양

144. 그칠 간(艮)

시선이 아래로 향해 향하여
더 이상 볼 수 없음

145. 절구 구(臼)

곡식을 찧는 절구의 모양

146. 어그러질 천(舛)

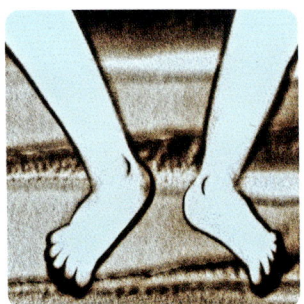

두 발이 서로 어그러진 모양

147. 배 주(舟)

여러 겹의 판자로 만든
작은 배의 모양

여덟 번째 마당 — 익힘 학습

✏️ 오늘 배운 부수한자 6획을 빈칸에 따라 쓰면서 복습해 보세요.

119. 깃 우(羽) – 새의 두 날개를 표현

羽

120. 양 양(羊) – 양의 뿔과 털이 난 모습

羊

121. 실 사(糸) – 누에 고치에서 뽑은 실을 묶어 만든 실타레를 표현. 작고 가늘다는 뜻도 있음

糸

122. 대나무 죽(竹) – 대나무의 줄기와 잎을 표현

竹

123. 그물 망(网) – 덮어 씌울 수 있는 그물을 상형화

网

124. 질그릇 부(缶) – 뚜껑으로 덮여 있는 항아리의 모습

缶

여덟 번째 마당 — 익힘 학습

✏️ 오늘 배운 부수한자 6획을 빈칸에 따라 쓰면서 복습해 보세요.

125. 쌀 미(米) - 이삭 줄기에 달린 작은 곡물 알갱이를 표현

米									

126. 말이을 이(而) - 사람의 수염 혹은 뿌리가 이어진 것을 본 땀

而									

127. 쟁기 뢰(耒) - 손에 잡은 쟁기 모양

耒									

128. 귀 이(耳) - 귀의 옆 모습을 표현

耳									

129. 늙을 로((老) - 머리털을 늘어뜨린 노인의 모습

老									

130. 붓 율(聿) - 손이 붓을 잡고 있는 모습

聿									

여덟 번째 마당 — 익힘 학습

✏️ 오늘 배운 부수한자 6획을 빈칸에 따라 쓰면서 복습해 보세요.

131. 신하 신(臣) – 눈을 아래로 뜨고 명을 기다리는 신하의 모습

臣

132. 스스로 자(自) – 사람의 코를 정면에서 그린 것, 나를 가르킬 때 손가락이 코를 향하게 됨

自

133. 풀 초(艹) – 싹이 돋아나는 모습

艹

134. 덮을 아(襾) – 그릇에 뚜껑이 달려 있는 모양

襾

135. 갈 행(行) – 사람이나 마차가 다니던 사거리를 표현

行

136. 벌레 충(虫) – 뱀처럼 머리는 크고 몸통은 작은 벌레의 모양

虫

여덟 번째 마당 — 익힘 학습

✏️ 오늘 배운 부수한자 6획을 빈칸에 따라 쓰면서 복습해 보세요.

137. 이를 지(至) – 새가 높은 곳에서 땅에 내려와 이른 것을 표현

| 至 | | | | | | | | | | |

138. 빛 색(色) – 두 사람이 서로 어르는 가운데 얼굴 빛에 드러남

| 色 | | | | | | | | | | |

139. 호랑이 호(虍) – 호랑이의 무늬를 형상화

| 虍 | | | | | | | | | | |

140. 피 혈(血) – 제사용 그릇에 담긴 피를 나타냄

| 血 | | | | | | | | | | |

141. 혀 설(舌) – 뱀이나 동물의 혀를 나타냄

| 舌 | | | | | | | | | | |

142. 볼 견(見) – 서서 바라보는 사람의 모습

| 見 | | | | | | | | | | |

여덟 번째 마당 — 익힘 학습

✏️ 오늘 배운 부수한자 6획을 빈칸에 따라 쓰면서 복습해 보세요.

143. 옷 의(衣) – 밑단을 아래까지 길게 해 입은 옷

衣

144. 그칠 간(艮) – 눈의 시선이 아래로 고정되어 더 이상 멀리 볼 수 없는 상태

艮

145. 절구 구(臼) – 절구 안에 쌀이 있는 모습

臼

146. 어그러질 천(舛) – 오른발과 왼발이 아래를 향해 어그러져 있는 모습

舛

147. 배 주(舟) – 여러 장의 판자를 연결하여 만든 배의 형상

舟

세상에서 가장 쉽고 재미있게
샌드아트 이미지와 스토리텔링을 통한

샌드아트 부수한자
214자

그 움막은 **아홉 번째 마당**

① 부수한자 7획

148. 골짜기 곡(谷)
149. 콩 두(豆)
150. 돼지 시(豕)
151. 맹수 치(豸)
152. 수레 거(車)
153. 조개 패(貝)
154. 붉을 적(赤)
155. 몸 신(身)
156. 발 족(足)
157. 달릴 주(走)
158. 마을 리(里)
159. 고을 읍(邑)
160. 술 유(酉)
161. 뿔 각(角)
162. 쉬엄쉬엄 갈 착(辵)
163. 별 진(辰)
164. 말씀 언(言)
165. 매울 신(辛)
166. 분별할 변(釆)

샌드아트 그림 연상
익힘 학습

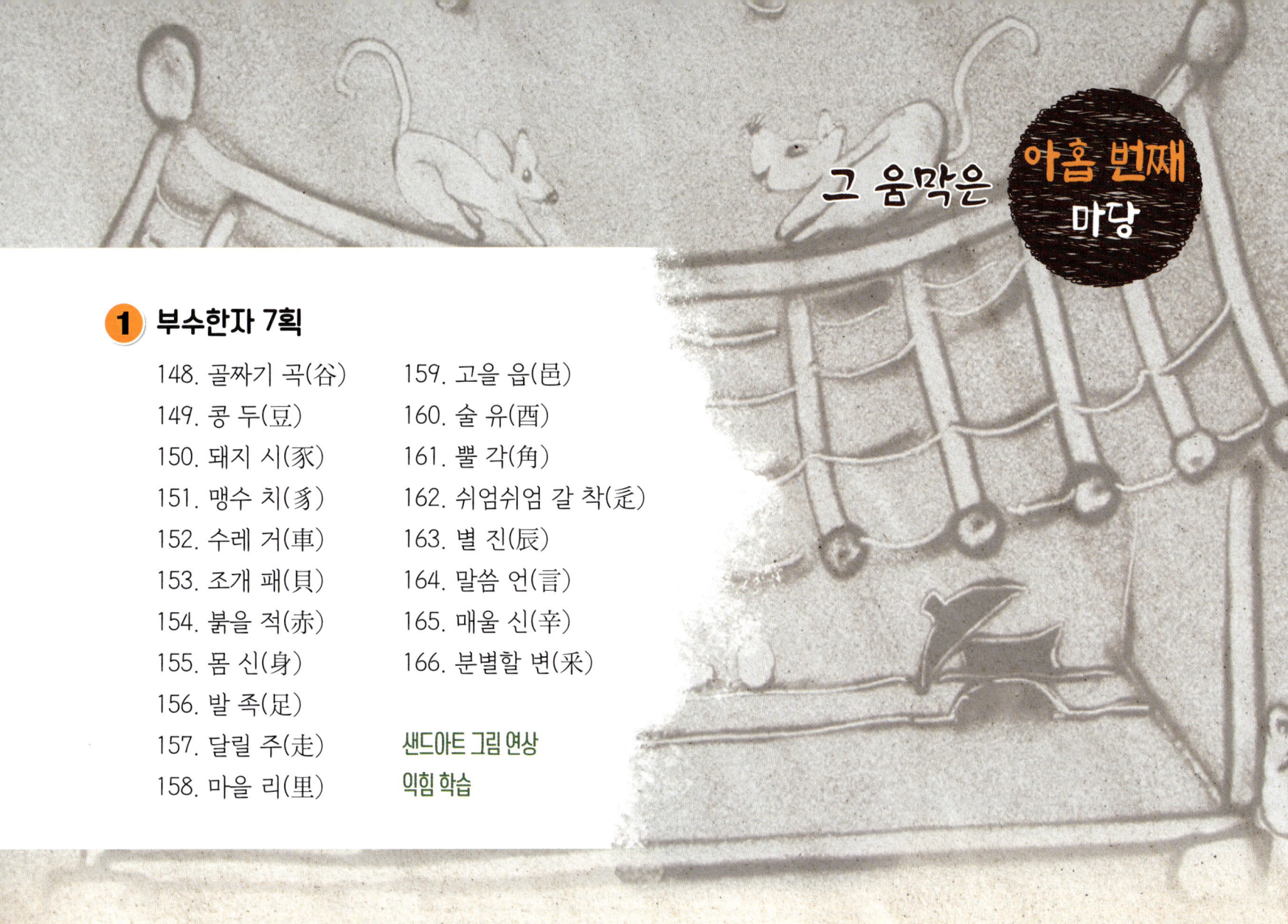

아홉 번째 마당 그 움막은

그 움막은
사냥꾼들의 임시 거처였어.

봄부터 가을까지는
골짜기(골 곡: 谷) 이곳저곳을 옮겨 다니며
콩(콩 두: 豆)이랑
채소 등의 농사를 짓고 지내다가

아홉 번째 마당

겨울이 되면
멧돼지(**돼지 시: 豕**)랑
사나운 짐승(**맹수 치: 豸**)들을 잡아

수레(**수레 거: 車**)에 싣고 다니며 팔아서
돈(**조개 패: 貝**)을 벌어
생활하는 장소였어.

아홉 번째 마당

동굴에서 들려오는 비명소리를 듣고
사냥꾼들이 쫓아와
호랑이에게 물려서 죽어가는 청년을
겨우 구해 주었던 거야.

청년의 온몸은
붉은(**붉을 적: 赤**) 피로 물들었고
신체(**몸 신: 身**) 중에
호랑이에게
심하게 물어뜯긴
발(**발 족: 足**) 한 쪽은
더 이상 쓸 수 없게 되었어.

더 이상 달리기는(**달릴 주: 走**) 커녕
걷는 것조차 목발을 의지해야 하는
신세가 된 거야.

아홉 번째 마당

청년에 대한 이 소문은
마을(**마을 리: 里**)을 지나
고을(**고을 읍: 邑**) 전체로 퍼져나갔어.

그때부터
술(**술 유: 酉**)만 먹으면
황소 뿔(**뿔 각: 角**)로 만든 목발을 짚고
비틀거리며
쉬엄쉬엄(**쉬엄쉬엄갈 착: 辵**) 걸으면서
늦은 밤까지 밤하늘의 별(**별 진: 辰**)들을 바라보며
혼잣말로(**말씀 언: 言**) 중얼중얼 신세 한탄을 하곤 했어.

"악한 사람들은 하는 일마다 잘 되고
착하게 살려는 사람들은 왜 이렇게 힘들기만(**매울 신: 辛**)할까.

세상의 이치는 옳고 그름을 분별하기(**분별할 변: 釆**)가
왜 이리 힘들까."

아홉 번째 마당 — 샌드아트 그림으로 연상하기

7획

148. 골짜기 곡(谷)

산과 산 사이에 있는 입구

149. 콩 두(豆)

제기용 그릇의 모양

150. 돼지 시(豕)

돼지의 모양

151. 맹수 치(豸)

사나운 맹수를 표현

152. 수레 거(車)

두 바퀴가 달린 수레의 모양

153. 조개 패(貝)

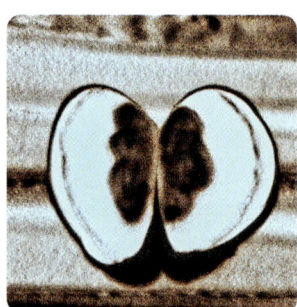

조개의 모양

아홉 번째 마당 — 샌드아트 그림으로 연상하기

7획

154. 붉을 적(赤)

타오르는 불 앞에 서 있는 사람의 모양

155. 몸 신(身)

아이를 밴 임산부의 모양

156. 발 족(足)

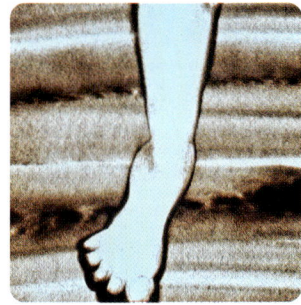

발의 모양

157. 달릴 주(走)

달리고 있는 사람의 모양

158. 마을 리(里)

밭들 아래 사람이 있는 곳은 마을

159. 고을 읍(邑)

성 입구 앞에 엎드린 사람의 모양

아홉 번째 마당 — 샌드아트 그림으로 연상하기

7획

160. 술 유(酉)

술이 담긴 술병의 모양

161. 뿔 각(角)

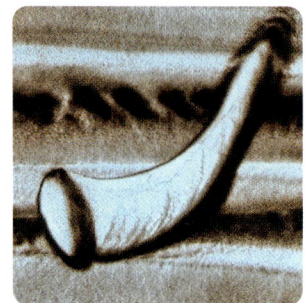

양이나 소의 뿔의 모양

162. 쉬엄쉬엄 갈 착(辵)

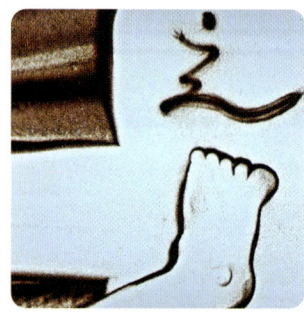

사거리의 한 쪽에 걷는 모양

163. 별 진(辰)

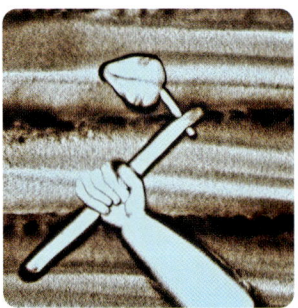

농사에 사용되었던 조개껍질의 모양

164. 말씀 언(言)

사람의 입에서 나오는 말을 형상화

165. 매울 신(辛)

사람의 몸에 문신을 새길 때 사용한 도구 모양

아홉 번째 마당 — 샌드아트 그림으로 연상하기

7획

166. 분별할 변(采)

동물의 발자국을 통해 분별

아홉 번째 마당 — 익힘 학습

✏️ 오늘 배운 부수한자 7획을 빈칸에 따라 쓰면서 복습해 보세요.

153. 조개 패(貝) – 조개 모양을 본 뜬 글자

貝

154. 붉을 적(赤) – 불이 타고 있는 앞에 사람이 서 있는 모습

赤

155. 몸 신(身) – 아기를 가진 여자의 모습

身

156. 발 족(足) – 다리의 무릎 아래 발 부분을 나타냄

足

157. 달릴 주(走) – 달리는 발 모양을 표현

走

아홉 번째 마당   익힘 학습

✏️ 오늘 배운 부수한자 7획을 빈칸에 따라 쓰면서 복습해 보세요.

158. 마을 리(里) – 밭의 모양과 흙의 모양이 합쳐진 글자

里

159. 고을 읍(邑) – 지역과 그 곳에 살고 있는 사람이 결합한 글자

邑

160. 술 유(酉) – 술병, 술잔의 모양

酉

161. 뿔 각(角) – 뾰족한 짐승의 뿔의 모양

角

162. 쉬엄쉬엄 갈 착(辵) – 彳(자축거릴 척)과 止(그칠 지)가 합쳐진 형태. 가다가 서다가를 반복함

辵

아홉 번째 마당 — 익힘 학습

✏️ 오늘 배운 부수한자 7획을 빈칸에 따라 쓰면서 복습해 보세요.

163. 별 진(辰) - 조개 껍질을 본 떠 만든 글자이다. 옛날에는 조개 껍질을 낫과 같은 농사용 도구로 사용함.

辰									

164. 말씀 언(言) - 입에서 혀가 나온 모습을 본 떠 만든 글자이다.

言									

165. 매울 신(辛) - 옛날 죄인들의 몸에 문신을 새겨 넣을 때 사용했던 도구 모양

辛									

166. 분별할 변(釆) - 짐승의 발톱 모양에서 나온 글자이다. 발톱 모양을 보고 그 짐승을 분별하였다.

釆									

가을비가 내리던 열 번째 마당

① 부수한자 8획

167) 비 우(雨)
168) 푸를 청(靑)
169) 새 추(隹)
170) 길 장(長)
171) 문 문(門)
172) 쇠 금(金)
173) 미칠 이(隶)
174) 아닐 비(非)
175) 언덕 부(阜)

샌드아트 그림 연상
익힘 학습

② 부수한자 9획

176) 머리 혈(頁)
177) 밥 식(食)
178) 부추 구(韭)
179) 얼굴 면(面)
180) 다룸가죽 위(韋)
181) 소리 음(音)
182) 처음 수(首)
183) 바람 풍(風)
184) 향기 향(香)
185) 가죽 혁(革)
186) 높을 고(高)
187) 날 비(飛)

열 번째 마당

가을비가 내리던

가을비(**비 우: 雨**)가 내리던 어느 날,
그날도 혼잣말처럼 중얼거리고 있었어.

"세상에 나처럼 불쌍한 사람이 또 있을까?"
"이 세상에서 참 행복을 느끼며 사는 사람은 과연 있을까?"
그 순간 하늘에서 음성이 들려왔대.

"이 푸른(**푸를 청: 靑**)
새(**새 추: 隹**)를 따라가거라.
긴(**길 장: 長**) 담장으로 이어진
황금(**쇠 금: 金**)색으로 대문(**문 문: 門**)을 장식한
부잣집에 닿을 것이다(**미칠 이: 隶**)."

"그 돈 많은 부자가 가장 행복한 사람입니까?"
그러자 하늘에서 소리가 또 들려왔어.

"아니다(**아닐 비: 非**),
그 집 뒤편 언덕(**언덕 부: 阜**) 위에 있는 초가집을 가보거라."

열 번째 마당

청년은 머리를(**머리 혈: 頁**) 수건으로 동이고
황금빛 대문의 부잣집을 지나
언덕 위 초가집으로 올라갔어.

마침 창문 사이로
식사를 마친 부부의 모습이 보였지.
작은 식탁 위에
먹을(**밥 식: 食**) 것이라곤 간장 한 접시와
부추(**부추 구: 韭**)로 구운 전 한 접시밖에 없었지만
부부의 얼굴은(**얼굴 면: 面**) 환하기만 하고
가죽(**다룸가죽 위: 韋**)으로 만든
작은 소고 북을 치며
노래하는 목소리는(**소리 음: 音**)
너무나 아름다웠어.

"누구나 인생의 처음(**처음 수: 首**) 시작은 빈손이라네.
지금 내게 있는 모든 것도 내 것이 아니라네.
이 땅을 떠날 때도 우리 모두 빈손이라네."

열 번째 마당

청년은 그 노랫소리를 들으면서
잠에서 깨어났어.

한바탕 꿈을 꾸었던 거야.

내리던 비는 멈추어 있었고
때 마침 불어온 한 줄기 바람(**바람 풍: 風**)이
무르익는 곡식 향기(**향기 향: 香**)를
한 아름 청년에게 안겨 주었어.

그러자 청년은
마치 가죽(**가죽 혁: 革**)으로 만든
날개를 달고
하늘을 높이(**높을 고: 高**)
나는(**날 비: 飛**) 듯한
행복감이 밀려왔어.

열 번째 마당 — 샌드아트 그림으로 연상하기

8획

167. 비 우(雨)

구름 사이에 내리는 빗방울

168. 푸를 청(靑)

우물 곁의 새싹 모양

169. 새 추(隹)

꽁지가 짧은 새 모양

170. 길 장(長)

머리카락이 긴 노인의 모양

171. 문 문(門)

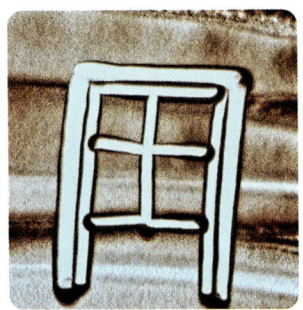

마주선 기둥 사이의 문 모양

172. 쇠 금(金)

쇳물을 부어 금속을 만드는 거푸집 모양

열 번째 마당 — 샌드아트 그림으로 연상하기
8~9획

173. 미칠 이(隶)

손으로 짐승의 꼬리를 잡은 모양

174. 아닐 비(非)

두 날개가 서로 어긋난 모양

175. 언덕 부(阜)

비탈진 언덕이 층층이 난 모양

176. 머리 혈(頁)

과장된 머리와 꿇어앉은 모양

177. 밥 식(食)

밥을 가득 담아 놓은 그릇 모양

178. 부추 구(韭)

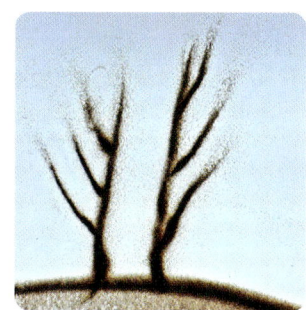

여러 줄기가 돋아난 부추 모양

열 번째 마당

샌드아트 그림으로 연상하기

9획

179. 얼굴 면(面)

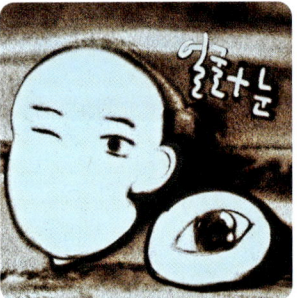

얼굴 윤곽에 눈을
강조한 모양

180. 다룸가죽 위(韋)

성을 도는 두 발의 모양

181. 소리 음(音)

입에 악기를 부는 모양

182. 처음 수(首)

동물의 머리 모양[우두머리]

183. 바람 풍(風)

바람을 일으키는 봉황의 모양

184. 향기 향(香)

입안에 쌀[벼]이 들어오는
모양

열 번째 마당 — 샌드아트 그림으로 연상하기

9획

185. 가죽 혁(革)

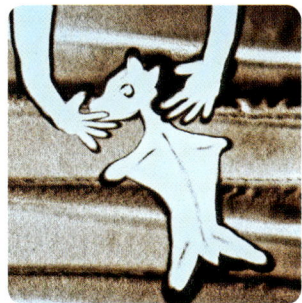

두 손으로 가죽을 벗기는 모양

186. 높을 고(高)

높이 솟은 건물의 모양

187. 날 비(飛)

높이 날고 있는 새 모양

열 번째 마당 — 익힘 학습

✏️ 오늘 배운 부수한자 8획을 빈칸에 따라 쓰면서 복습해 보세요.

167. 비 우(雨) – 하늘에서 내리는 빗방울의 모습

雨

168. 푸를 청(靑) – 우물 곁의 파릇파릇 돋아나는 푸른 싹

靑

169. 새 추(隹) – 꽁지가 짧은 새라는 의미로 쓰임

隹

170. 길 장(長) – 머리카락이 긴 노인을 표현

長

171. 문 문(門) – 마주 선 기둥에 문이 한 짝씩 달려 있는 모습

門

열 번째 마당 — 익힘 학습

✏️ 오늘 배운 부수한자 8~9획을 빈칸에 따라 쓰면서 복습해 보세요.

172. 쇠 금(金) - 광물을 녹여 쇠를 얻는 거푸집 모양

| 金 | | | | | | | | | |

173. 미칠 이(隶) - 손으로 짐승의 꼬리를 잡고 있는 모양

| 隶 | | | | | | | | | |

174. 아닐 비(非) - 새의 날개가 서로 등지고 있으므로 아니다는 의미를 갖게 됨

| 非 | | | | | | | | | |

175. 언덕 부(阜) - 비탈진 언덕에 계단이 층층이 있는 모양

| 阜 | | | | | | | | | |

176. 머리 혈(頁) - 과장된 머리 아래에 꿇어 앉은 몸체

| 頁 | | | | | | | | | |

열 번째 마당 — 익힘 학습

✏️ 오늘 배운 부수한자 9획을 빈칸에 따라 쓰면서 복습해 보세요.

177. 밥 식(食) – 밥을 가득담아 놓은 밥그릇의 모양

食

178. 부추 구(韭) – 땅 위에 잎과 줄기가 여러 갈래로 나 있는 부추 모양

韭

179. 얼굴 면(面) – 얼굴 윤곽 안에 눈이 표현되어 있는 모양

面

180. 다룸가죽 위(韋) – 성 주위를 도는 두 발을 표현. 부드럽게 만든 가죽을 뜻함

韋

181. 소리 음(音) – 입으로 부는 악기에서 나는 소리를 형상화

音

열 번째 마당 — 익힘 학습

✏️ 오늘 배운 부수한자 9획을 빈칸에 따라 쓰면서 복습해 보세요.

182. 처음 수(首) – 동물의 머리를 나타내어 우두머리를 의미함

首

183. 바람 풍(風) – 바람으로 가는 돛과 바람을 따라 날아다니는 벌레가 합쳐진 글자. 바람을 일으키는 봉황새를 나타냄

風

184. 향기 향(香) – 곡식을 입으로 먹기 위해 밥을 지을 때 나는 향기

香

185. 가죽 혁(革) – 털을 뽑고 다듬은 가죽. 가죽은 피-혁-위로 구분됨

革

186. 높을 고(高) – 높고 높은 성문 위에 세워진 누각의 모습

高

열 번째 마당   익힘 학습

✏️ 오늘 배운 부수한자 9획을 빈칸에 따라 쓰면서 복습해 보세요.

187. 날 비(飛) - 새가 하늘을 날 때 양쪽 날개를 펴고 있는 모습

飛										

얼마 전까지만 해도 **열한 번째 마당**

❶ 부수한자 10획

188. 솥 력(鬲)
189. 울창주 창(鬯)
190. 뼈 골(骨)
191. 귀신 귀(鬼)
192. 머리털 길게
　　 늘일 표(髟)
193. 말 마(馬)
194. 싸울 투(鬪)

샌드아트 그림 연상
익힘 학습

❷ 부수한자 11~12획

195. 소금밭 로(鹵)
196. 고기 어(魚)
197. 새 조(鳥)
198. 사슴 녹(鹿)
199. 보리 맥(麥)
200. 삼 마(麻)
201. 기장 서(黍)
202. 누를 황(黃)
203. 검을 흑(黑)
204. 바느질할 치(黹)

열한 번째 마당

얼마 전까지만 해도

얼마 전까지만 해도
하나 남은 살림살이였던
솥(솥 력: 鬲) 마저 팔아
독한 울창주(울창주 창: 鬯)술을 마시던 청년이

뼈(뼈 골: 骨)만 남은
귀신(귀신 귀: 鬼) 같은 몰골로
머리카락을 길게 늘어뜨린 채(머리털 길게 늘일 표: 髟)
고래고래 소리 높여(높을 고: 高)
만나는 사람마다 시비를 걸던 청년이

심지어 지나가는
말(말 마: 馬)에게도
싸움(싸울 투: 鬪)을 걸어
사람들을 놀라게 하던 청년이

열한 번째 마당

완전히
새로운 사람으로 변한 거야.

마치
소금(**소금밭 로: 鹵**)에 잘 절여진
생선(**고기 어: 魚**)처럼
얌전해 졌고

열한 번째 마당

사냥꾼에게
쫓기던 새(**새 조**: **鳥**)와
사슴(**사슴 녹**: **鹿**)이

보리(**보리 맥**: **麥**)밭과
울창한 삼밭(**삼 마**: **麻**)을
연달아 만난 것처럼
평안을 찾은 거야.

열한 번째 마당 — 샌드아트 그림으로 연상하기

10획

188. 솥 력(鬲)

제사에 사용되던 다리가 셋 달린 솥

189. 울창주 창(鬯)

술단지에 술이 익어가는 모양

190. 뼈 골(骨)

살이 발라진 뼈의 모양

191. 귀신 귀(鬼)

가면을 쓴 귀신

192. 머리털 늘일 표(髟)

긴 머리카락을 늘어뜨린 모양

193. 말 마(馬)

말의 모양

열한 번째 마당

11~12획

샌드아트 그림으로 연상하기

194. 싸울 투(鬪)

두 사람이 싸우고 있는 모양

195. 소금밭 로(鹵)

염전에서 일하는 모양

196. 물고기 어(魚)

물고기의 모양

197. 새 조(鳥)

일반적인 새의 모양

198. 사슴 녹(鹿)

사슴의 모양

199. 보리 맥(麥)

보리 전체의 모양

열한 번째 마당

샌드아트 그림으로 연상하기

11~12획

200. 삼 마(麻)

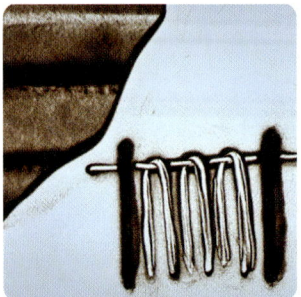

언덕 아래에 널어놓은 삼

201. 기장 서(黍)

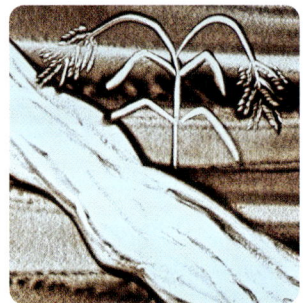

물가에 심기운 기장의 모양

202. 누를 황(黃)

둥근 옥패를 두른 황제의 모습

203. 검을 흑(黑)

아궁이에 지핀 불로 인해 검은 굴뚝

204. 바느질할 치(黹)

바느질로 수를 놓은 모양

열한 번째 마당 — 익힘 학습

 오늘 배운 부수한자 10획을 빈칸에 따라 쓰면서 복습해 보세요.

188. 솥 력(鬲) - 옛날 주로 제사용으로 사용되던 다리가 셋 달린 솥

鬲									

189. 울창주 창(鬯) - 술단지에 술이 익어 가는 모습을 표현

鬯									

190. 뼈 골(骨) - 살이 발라진 뼈의 모양

骨									

191. 귀신 귀(鬼) - 가면을 쓴 귀신의 모양. 뿔과 꼬리를 표현으로 해석

鬼									

192. 머리털 길게 늘일 표(髟) - 긴 머리카락을 늘어 뜨린 모양

髟									

열한 번째 마당

익힘 학습

✏️ 오늘 배운 부수한자 10~11획을 빈칸에 따라 쓰면서 복습해 보세요.

193. 말 마(馬) – 말의 모양을 형상화

| 馬 | | | | | | | | | | |

194. 싸울 투(鬪) – 양손에 몽둥이를 들고 서서 싸움

| 鬪 | | | | | | | | | | |

195. 소금밭 로(鹵) – 염전에서 소금을 얻기 위해 작업하는 모양

| 鹵 | | | | | | | | | | |

196. 물고기 어(魚) – 물고기의 모양

| 魚 | | | | | | | | | | |

197. 새 조(鳥) – 다리가 있는 새의 모양

| 鳥 | | | | | | | | | | |

열한 번째 마당   익힘 학습

✏️ 오늘 배운 부수한자 11~12획을 빈칸에 따라 쓰면서 복습해 보세요.

198. 사슴 녹(鹿) – 뿔이 달린 사슴의 모양

鹿

199. 보리 맥(麥) – 뿌리와 이삭과 줄기가 달린 보리의 모습

麥

200. 삼 마(麻) – 지붕이나 언덕 밑에 삼 껍질을 늘어 놓고 말리는 모양

麻

201. 기장 서(黍) – 禾+入+氺 : 벼(오곡)에 들어 가면서 물이 있는 곳에서 잘 자라는 기장

黍

202. 누를 황(黃) – 옛날 황제나 귀족들이 허리에 차던 누런 색의 옥 장신구 모습

黃

열한 번째 마당 — 익힘 학습

✏️ 오늘 배운 부수한자 11~12획을 빈칸에 따라 쓰면서 복습해 보세요.

203. 검을 흑(黑) – 아궁이에 땐 불로 인해 검게 거슬린 굴뚝의 모양

黑										

204. 바느질할 치(黹) – 바늘로 수를 놓은 천의 모습

黹										

기장이 황금빛으로 — 열두 번째 마당

1. 부수한자 13획

205. 맹꽁이 맹(黽)
206. 솥 정(鼎)
207. 쥐 서(鼠)
208. 북 고(鼓)

2. 부수한자 14~17획

209. 용 용(龍)-16획
210. 거북 귀(龜)-16획
211. 코 비(鼻)-14획
212. 가지런할 제(齊)-14획
213. 이 치(齒)-15획
214. 피리 약(龠)-17획

샌드아트 그림 연상
익힘 학습

열두 번째 마당

기장이 황금빛으로

기장(**기장 서: 黍**)이
황금빛(**누를 황: 黃**)으로
익어가던 다음 해 가을날,

까맣고(**검을 흑: 黑**)
윤기나는 머리카락을 지닌
바느질(**바느질할 치: 黹**) 솜씨가
뛰어난 예쁜 처녀와
청년 사이에 몇 차례 혼담이 오고 가더니
두 사람은 혼인을 했어.

그 예쁜 처녀가 누구냐고?
청년이 산적떼들 감옥에서
구출해 주었던 부자 기억나지?
그 부자의 무남독녀 외동딸이었어.

열두 번째 마당

부자가 마련해 준
커다란 좋은 집을 마다하고
두 사람은 작은 집에서 신혼살림을 시작했어.

신혼집의 부엌
한쪽 구석에서는
맹꽁이(**맹꽁이 맹: 黽**)가 울어대고

솥(**솥 정: 鼎**) 안은 텅 비어있고

밥 끓는 소리 대신
지붕에서는
쥐(**쥐 서: 鼠**)들이
뛰어다니는 소리가
북소리(**북 고: 鼓**)처럼 울려났지만
두 사람은 마냥 행복하기만 했어.

열두 번째 마당

그런 두 사람을 보고
동네 사람들은 부러움과 격려의 말로 축하 인사를 전했어.

"개천에서 용(**용 용: 龍**)이 난 거지"
"거북(**거북 귀: 龜**)처럼 오래오래 행복하게 살아요"

그런 이야기를 들을 때마다
청년은 옆에 서서
오뚝한 콧날(**코 비: 鼻**)에
가지런한(**가지런할 제: 齊**)
하얀 이(**이 치: 齒**)를 드러내며
웃고 있는 아내를 보았어.

그리고
말없이 허리춤에서
피리(**피리 약: 龠**)를 꺼내 불곤 했지.

'필릴리리….'

열두 번째 마당 — 샌드아트 그림으로 연상하기

13획

205. 맹꽁이 맹(黽)

맹꽁이의 모양

206. 솥 정(鼎)

청동으로 만든 세 개의 다리가 달린 솥의 모양

207. 쥐 서(鼠)

쥐의 모양을 형상화

208. 북 고(鼓)

장식이 달린 받침있는 북을 북채로 치는 모양

209. 용 룡(龍)

상상의 동물 용의 모양

210. 거북 귀(龜)

거북의 모습을 형상화

열두 번째 마당 — 샌드아트 그림으로 연상하기

13~16획

211. 코 비(鼻)

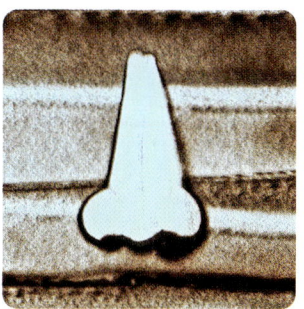

숨을 들이쉬는
코와 폐를 표현

212. 가지런할 제(齊)

가지런히 놓여진 곡식 모양

213. 이 치(齒)

입안에 가지런히 나 있는 이

214. 피리 약(龠)

대나무에 구멍을 뚫어 만든
피리를 입으로 부는 모양

열두 번째 마당 — 익힘 학습

✏️ 오늘 배운 부수한자 13~16획을 빈칸에 따라 쓰면서 복습해 보세요.

205. 맹꽁이 맹(黽) - 눈이 크고 배가 불룩한 맹꽁이 모습

| 黽 | | | | | | | | | |

206. 솥 정(鼎) - 청동으로 만든 다리가 셋 달린 솥

| 鼎 | | | | | | | | | |

207. 쥐 서(鼠) - 쥐가 무엇을 갉아 먹고 있는 주둥이와 뒷 모습

| 鼠 | | | | | | | | | |

208. 북 고(鼓) - 장식이 달린 받침 있는 북과 북채를 잡고 치는 모양

| 鼓 | | | | | | | | | |

209. 용 룡(龍) - 상상의 동물 용의 모양

| 龍 | | | | | | | | | |

열두 번째 마당   익힘 학습

✏️ 오늘 배운 부수한자 14~17획을 빈칸에 따라 쓰면서 복습해 보세요.

210. 거북 귀(龜) - 거북의 머리, 몸, 발, 꼬리의 모양

龜

211. 코 비(鼻) - 숨을 들이 쉬는 코와 폐를 동시에 표현함

鼻

212. 가지런할 제(齊) - 벼나 보리 등의 곡식들이 가지런히 놓여있는 모양

齊

213. 이 치(齒) - 입안에 이가 가지런히 위치해 있는 모습

鼓

214. 피리 약(龠) - 대나무에 구멍을 뚫어 만든 피리를 입으로 부는 모양

龠

세상에서 가장 쉽고 재미있게
샌드아트 이미지와 스토리텔링을 통한

샌드아트 부수한자
214자

상상과 몰입이 주는 선물

"생각을 춤추게 하라. 그리고 춤추듯 살아라. 삶은 즐겁고 아름다운 것이다."

이 말은 우리 시대의 최고의 지성으로 일컬어지던 故 이어령 박사가 평소에 한 말입니다. '춤추는 무희'는 자신의 춤에 완전히 몰입하게 됩니다. 몰입은 '물아의 일체감'을 통해 시간의 흐름을 마치 물이 흘러가듯 느끼게 되고 곧 행복감으로 가득 차게 됩니다. 샌드아트가 가지는 강력한 특징은 우리를 상상의 세계로 이끌어 몰입의 단계로 나아가게 한다는 점입니다.

국내 몰입의 최고 전문가인 서울대 황농문 교수는 "우리가 몰입할 때 개인의 능력을 극대화시키는 효과를 가져 온다"고 합니다. 샌드아트로 배우는 '부수한자 214'는 그 몰입의 작은 산물이며 선물이기도 합니다. 모든 사람들이 샌드아트라는 재미있는 놀이를 통해 상상하고 몰입하는 가운데 각자에게 내재된 달란트들이 100% 나타나 새해에는 더 행복하고 아름다운 세상이 되었으면 하는 바램입니다.

2023년 합력하여 선을 이루심에 늘 감사하며

상상오래

도서 안내

샌드아트 창작 동화
숲속 동물들이 달려가고 있어요

글·그림 정창모
(2020 창조와지식)

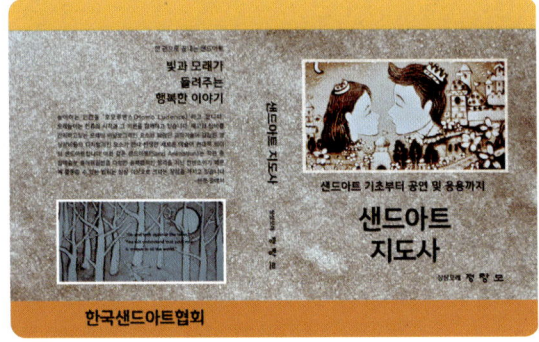

샌드아트 기초부터 공연 및 응용까지
샌드아트 지도사

글·그림 정창모
(2022 D&V)

상상모래
정창모

경북 봉화 출생
풍기고등학교
경북대학교 철학과(B.A.)
장로회신학대학원(Th.M.in Min)
김포송학대교회 담임목사
(사)한국샌드아트협회 대표

- 샌드아트 디렉터
- 샌드아트로 배우는 부수한자+창작 동화 피리 소리 저작권자
- E-mail: yetofo@hanmail.net
- Instagram: sandart_korea
- https://blog.naver.com/theland4you